Hamburger Rechtsstudien

herausgegeben von Mitgliedern der Rechtswissenschaftlichen

Fakultät der Universität Hamburg

Heft 55

Die Entwicklungsgeschichte des Grundsatzes »in dubio pro reo«

von

Dr. PETER HOLTAPPELS

Hamburg

Hamburg

Cram, de Gruyter & Co.

1965

Diese Arbeit hat der Rechtswissenschaftlichen Fakultät
der Universität Hamburg im Jahre 1963 als Dissertation
vorgelegen.
Gedruckt mit Unterstützung der Hansischen Universitätsstiftung
und der Stiftung Volkswagenwerk

Gesamtherstellung: Graph. Betrieb Gebr. Rasch & Co., Bramsche/Osnabrück
Printed in Germany

Inhaltsverzeichnis

I Das römische Recht

Am Anfang dieser Arbeit steht das römische Recht, weil dieses durch die deutsche Rezeption des aus ihm entwickelten, mittelalterlich-italienischen Strafprozeßrechtes einen derart tiefgreifenden und nachhaltigen Einfluß auf das deutsche Strafprozeßrecht gewonnen hat, daß es als dessen älteste Wurzel bezeichnet werden kann und muß.

Der heute gebräuchliche Wortlaut unseres Grundsatzes, also das *in dubio pro reo*, stammt zwar nicht aus den römischen Rechtsquellen[1]). Dennoch könnte der Grundsatz i.d.p.r., sei es in anderem Wortlaut, sei es unausgesprochen[2]) Bestandteil des römischen Strafprozeßrechtes gewesen sein, könnte also aus dem römischen Recht stammen[3]).

Tatsächlich legen einige der in den Digesten enthaltenen Ansichten römischer Juristen die Vermutung nahe, dies sei der Fall. Doch sei, bevor auf diese Ansichten eingegangen wird, folgender Hinweis gestattet.

Die Digesten schildern den Rechtszustand vom Beginn des Principats, also von ca. 15 v. Chr. bis zu ihrem Erlaß am 29. Dezember 534[4]). Das vorklassische Recht ist in ihnen nur insoweit enthalten, als die klassischen Juristen es noch für gültig hielten. Daher ist es nicht zulässig, aus dem Ergebnis einer Untersuchung der Digesten Rückschlüsse auf die Existenz oder Nichtexistenz unseres Grundsatzes im vorklassischen römischen Strafprozeßrecht zu ziehen[5]). Aufklärung darüber, ob das i.d.p.r. Bestandteil des vorklassischen römischen Strafprozeßrechtes gewesen oder ob es im römischen Strafprozeß unausgesprochen angewendet worden ist, könnte deshalb allein eine Untersuchung der Entwicklung des gesamten römischen Strafprozeßrechtes verschaffen. Die klassische Darstellung dieser Entwicklung enthält MOMMSEN's »Römisches Strafrecht«. Von ihm sind nahezu alle Veröffentlichungen, die sich seither mit diesem Rechtsgebiet befaßt haben, entscheidend beeinflußt. Dennoch erscheint eine Darstellung der römischen Strafprozesse zum heutigen Zeitpunkt, d.h. unter Verwendung der von MOMMSEN abhängigen Literatur, wenig sinnvoll, da die kürzlich erschienene Arbeit KUNKELS über das römische Strafrecht der vorklassischen Zeit die Entwicklungstheorie MOMMSENS schwer erschüttert hat. Im Rahmen dieser

---

1) Voc. Iur. Rom. II. S. 402, 10–13

2) Das liegt bei der kasuistischen Denk- und Schreibweise der römischen Juristen durchaus im Bereiche des möglichen. Vgl. hierzu KASER R. G. S. 148, 153, 155

3) So MOSER S. 18

4) Vgl. KASER a.a.O. S. 219

5) Vgl. aber MOSER a.a.O. und WENG S. 17f.

Arbeit kann aber nicht über die Richtigkeit der einen oder anderen Theorie entschieden werden. Sie beschränkt sich daher darauf festzustellen, ob das Corpus Iuris Civilis Quellen enthält, aus denen geschlossen werden müßte, daß unser Grundsatz im klassischen und nachklassischen römischen Strafprozeßrecht gegolten hat. Sie verzichtet darauf festzustellen, ob das i.d.p.r. Bestandteil des vorklassischen römischen Strafprozeßrechtes gewesen ist, oder ob es von den römischen Richtern angewendet worden ist, ohne daß diese das erwähnt hätten.

Das erste hier zu untersuchende Fragment aus den Digesten stammt aus dem neunten Buch ULPIANS[6]) über das Amt der Proconsuln und lautet: *Sed nec de suspicionibus debere aliquem damnari divus Traianus Adsiduo Severo rescripsit: Satius enim esse impunitum relinqui facinus nocentis quam innocentem damnari*[7]). MOMMSEN, der mehrfach die Ansicht vertreten hat, im römischen Strafprozeßrecht habe der Grundsatz i.d.p.r. gegolten[8]), stützte sich zum Beweise dieser seiner Ansicht auf das hier von ULPIAN wiedergegebene TRAJANrescript.[9]) Diese Berufung MOMMSENS muß nun schon deshalb in Zweifel gezogen werden, weil es sich um ein bloßes Rescript TRAJANS handelt, d.h. um dessen Ansicht zu einem konkreten Einzelfall. Ob die von TRAJAN damit zum Ausdruck gebrachte Rechtsmeinung über diesen Einzelfall hinaus überhaupt ein allgemein gültiges Prinzip des römischen Strafprozeßrechts dargestellt hat, läßt sich aus diesem Fragment daher noch nicht zwingend schließen. Der entscheidende Einwand gegen MOMMSENS Ansicht, das TRAJANrescript beweise die Geltung unseres Grundsatzes im römischen Strafprozeßrecht, liegt jedoch im Inhalt dieses Rescripts. TRAJAN hat hier nämlich nicht gesagt, daß der Angeklagte im Zweifel freigesprochen oder aber jedenfalls der ihm günstigere, unzweifelhafte Sachverhalt unterstellt werden solle, er hat also den Grundsatz i.d.p.r. damit nicht ausgedrückt. Das wäre nur dann der Fall gewesen, wenn TRAJAN – wie es die Postglossatoren später getan haben[10]) – seine Ansicht, es sei besser, einen Schuldigen unbestraft zu lassen, als einen Unschuldigen zu bestrafen, an den Zweifel geknüpft hätte, wenn er gesagt hätte: *in casibus dubiis* oder *in dubio satius enim est ...*

Wenngleich TRAJAN zwar das i.d.p.r. noch nicht formuliert hat, so hat er doch in und mit diesem Rescript zwei Gedanken zum Ausdruck gebracht, deren allgemeine Anerkennung die Voraussetzung für jede Anwendung des i.d.p.r. im Strafprozeß ist. Es war dies zum einen die Vorstellung, daß es für jede der Sittlichkeit verpflichtete Strafjustiz besser, nämlich sittlich besser, sein müsse, einen Schuldigen unbestraft zu lassen als einen Unschul-

---

[6]) gest. 228 n. Chr.

[7]) D. 48, 19, 5. Lediglich auf Grund eines Verdachtes darf niemand verurteilt werden. So hat der Kaiser Trajan dem A. S. geantwortet. Denn es sei besser, einen schuldigen Übeltäter unbestraft zu lassen als einen Unschuldigen zu bestrafen.

[8]) Vgl. S. 400, 435

[9]) Vgl. S. 436

[10]) Siehe unten S. 10

digen zu bestrafen.[11]) Und es war zum anderen das Zugeständnis des im Princeps TRAJAN verkörperten Staates[12]), zum Schutze der Unschuldigen das Risiko in Kauf nehmen zu wollen, daß das staatliche Strafverfolgungsinteresse beeinträchtigt werde, weil ihm eventuell ein Schuldiger entkomme. Die Tatsache, daß diese beiden Gedanken zu den Voraussetzungen jeder Anwendung unseres Grundsatzes gehören, bewirkte, daß sich dieses TRAJANrescript wie ein Leitmotiv durch die ganze folgende Untersuchung hindurchziehen wird.

Das für die Entwicklung des Grundsatzes i.d.p.r. nächst bedeutsame Digestenfragment entstammt dem siebzehnten Buch des PAULUS zum Edikt[13]) und lautet: *Inter pares numero iudices si dissonae sententiae proferantur, in liberalibus quidem causis, secundum quod a divo Pio constitutum est, pro libertate statutum optinet, in aliis autem causis pro reo. Quod et in iudiciis publicis optinere oportet.*[14]) Wie noch zu zeigen sein wird, wurde der heute gebräuchliche Wortlaut unseres Grundsatzes aufgrund dieses Fragmentes geprägt.

Schon aus dem Wortlaut des ersten Satzes ergibt sich jedoch, daß dieser sich nicht auf das Straf-, sondern auf das Zivilprozeßrecht bezogen hat. Die Freiheitssachen – *causae liberales* – waren jene Zivilprozesse, in denen darüber gestritten wurde, ob ein Mensch frei oder ob er Sklave sei. Entsprechend dem bereits zu republikanischer Zeit gültigen und nach AUGUSTUS auch im klassischen Recht wieder angewendeten *favor libertatis* war in derartigen Sachen, wenn möglich, zugunsten der Freiheit des Betroffenen zu entscheiden[15]).

So auch hier. Grundsätzlich solle in Freiheitssachen *pro reo* entschieden werden, sagt PAULUS, jedoch ohne zu bestimmen, daß diese Entscheidung immer eine Freisprechung des *reus* enthalten müsse. Dies solle nur der Fall sein, wenn sich im Richterkollegium eine Mehrheit für die Freisprechung des Beklagten oder die Sklaveneigenschaft desselben nicht finden lasse.

Da sich Anhaltspunkte für die Annahme, der letzte Satz des Fragmentes sei interpoliert worden, nicht bieten, und da *iudicium publicum* im Principat

---

11) Dieser Gedanke läßt sich bis auf ARISTOTELES zurückverfolgen, vgl. dessen Problemata Physica XXIX 13. FLASHARS Feststellung, dieses Problem enthalte *die ausführlichste, erhaltene Begründung des Rechtsgrundsatzes »in dubio pro reo«* (a.a.O. S. 707) erscheint mir nicht hinreichend begründet. Der Text erwähnt den Sinngehalt des i.d.p.r. nur im Zusammenhang mit einem Freiheits- nicht aber einem Strafprozeß.

12) Schon AUGUSTUS hatte sich als *potitus rerum omnium*, als Herr aller Dinge, bezeichnet. Vgl. WICKERT in RE 22, 2, 2099

13) PAULUS war Zeitgenosse ULPIANS.

14) D. 42, 1, 38, pr. Wenn von einer gleichen Anzahl von Richtern voneinander abweichende Stimmen abgegeben werden, so ist in Freiheitssachen gemäß dem Gesetz des Pius für den Status der Freiheit zu entscheiden, in anderen Fällen aber für den Beklagten. Dasselbe soll in Strafsachen gelten.

15) Vgl. KASER Röm. Privatr. I S. 100; SCHULZ S. 149. Vgl. auch POMPONIUS in D. 50, 17, 20, von welchem Fragment MOSER jedoch behauptet, es sei Ausdruck unseres Grundsatzes, S. 18 Anm. 4. Der *favor libertatis* findet sich schon bei ARISTOTELES, vgl. Problemata Physica XXIX 13

die geläufige Bezeichnung des Strafprozesses gewesen ist[16]), muß aus dem letzten Satz des Fragmentes geschlossen werden, daß PAULUS diese zivilprozessuale Regelung auch im Strafprozeß angewendet wissen wollte. Demnach war ein Angeklagter bei Stimmengleichheit im Richterkollegium also freizusprechen, in allen anderen Fällen war für den Angeklagten zu entscheiden. Die Freisprechung als Folge der Stimmengleichheit hat mit unserem Grundsatz nichts zu tun. Zwar wird auch hier *pro reo* entschieden, jedoch wird diese Entscheidung an eine andere als die Zweifelsituation geknüpft[17]). Auch die grundsätzliche Begünstigung des Angeklagten, die PAULUS in *aliis causis* gewähren will, ist mit unserem Grundsatz nur verwandt, denn PAULUS sagt hier weder bestimmt, wann *pro reo* entschieden werden noch worin diese Entscheidung bestehen solle[18]. In einem anderen Fragment spezifiziert er zwar den Inhalt dieser Entscheidung *pro reo* ein wenig näher, jedoch nicht ausreichend, um den Schluß zuzulassen, er habe unseren Grundsatz im Strafprozeß angewendet wissen wollen. In D. 50, 17, 155, § 2 heißt es: *In poenalibus causis benignius interpretandum est*[19]). Diese Ansicht, im Strafverfahren sei milde zu verfahren, wird später zwar noch einmal von HERMOGENIAN[20]) wiederholt: *Interpretatione legum poenae molliendae sunt potius quam asperandae*[21]). Sie vermag jedoch nicht mehr zu beweisen, als daß im römischen Strafprozeßrecht der klassischen und nachklassischen Zeit eine gewisse Tendenz zur Begünstigung des Angeklagten bestanden hat. Eine derartige Tendenz hätte zwar zum i. d. p. r. führen können, sie ist jedoch mit diesem Grundsatz noch nicht identisch.

Aus dem fünften Buch des Kommentars zum edictum provinciale von GAIUS[22]) stammt das Fragment in D. 50, 17, 125: *Favorabiliores rei potius quam actores habentur*[23]). Selbst wenn es sich auf den römischen Strafprozeß bezogen hätte, wäre es noch nicht als Ausdruck unseres Grundsatzes zu werten, weil es nur aussagt, der *reus* solle mehr begünstigt werden als der *actor*, aber weder ausspricht, womit das geschehen solle noch wann. Darüber hinaus ist es aber auch nicht, wie MOSER meint[24]), »von Bedeutung für unsere Frage«, weil dieses Fragment unbezweifelbar aus dem Zivilprozeßrecht

---

[16]) Vgl. LEONHARD in R. E. Bd. 9, 2499–2505. Auf den Strafprozeß beziehen auch die Glossatoren diesen Satz. Vgl. ACCURSIUS zu D. 42, 1, 38

[17]) a. A. MOSER a. a. O.

[18]) An anderer Stelle sagt ULPIAN zwar einmal: *in ambiguis rebus humaniorem sententiam sequi opportet.* D. 34, 5, 10 (11). Hier ist jedenfalls klargestellt, daß im Zweifel zugunsten des Beklagten entschieden werden solle. Worin diese Entscheidung bestehen soll, wird allerdings nicht gesagt. Darüber hinaus bezieht sich dieser Satz, wie sich aus seinem Zusammenhang unbezweifelbar ergibt, ebenfalls auf eine *causa liberalis*, also auf den Zivilprozeß. ULPIAN verweist hier auch nicht auf den Strafprozeß. Das hindert jedoch MOSER (a. a. O.) nicht, auch diese Sentenz für das Strafprozeßrecht in Anspruch zu nehmen.

[19]) In Strafsachen ist milder auszulegen

[20]) um 300 n. Chr.

[21]) Bei der Auslegung von Strafgesetzen ist eher milde als hart zu verfahren. D. 48, 19, 42

[22]) um 170 n. Chr.

[23]) Der Beklagte ist eher zu begünstigen als der Kläger.

[24]) a. a. O.

stammt. Das beweist die Tatsache, daß Lenel, der wohl beste Kenner dieser Materie, dieses Gaiusfragment bei der Rekonstruktion des Gaiuskommentars in das Kapitel über Sicherheitsleistungen im Zivilprozeßrecht eingeordnet hat[25]).

Ähnliches gilt für Ulpians, in D. 50, 17, 41, pr. überlieferten Ausspruch: *Non debet actori licere quod reo non permittitur*[26]). Auch er bezog sich auf das Zivilrecht. Allerdings ausweislich der Einordnung Lenels nicht auf das Zivilprozeßrecht, sondern auf das materielle Schuldrecht[27]).

Von derselben Voraussetzung wie unser Grundsatz, dem Zweifel, geht ein weiteres, von Gaius stammendes Fragment aus: *Semper in dubiis benigniora praeferenda sunt*[28]). Gaius kam damit dem Inhalt unseres Grundsatzes zwar sehr nahe. Doch auch dieses Fragment gehört in einen zivilrechtlichen Zusammenhang. Das lehrt schon ein Blick auf die inscriptio, die angibt, daß die Kompilatoren dieses Fragment dem dritten Buch des Gaius über die Legate zum Edictum urbicum entnommen haben. Auch Lenel ordnet dieses Fragment den Erörterungen Gaius' über Legate, also dem Erbrecht, zu[29]). Schließlich wird die Zugehörigkeit dieses Gaiusfragments zum Erbrecht durch die Tatsache bewiesen, daß uns überlieferte Fragmente, die von einem Zeitgenossen des Gaius, von Marcellus, stammen, einerseits denselben Inhalt haben wie das Gaiusfragment, andererseits aber aus ihrem Zusammenhang klar erkennen lassen, daß sie in das Erbrecht gehören[30]). In diesen Marcellusfragmenten wird die Auslegung von Testamenten besprochen. Bei einer solchen Auslegung bewiesen die Römer eine besondere Vorliebe zur Verwirklichung des Testaments, welche später als *favor testamenti* bezeichnet worden ist[31]). Dieser Vorliebe entsprach es, wenn sie im Zweifel immer das der Testamentsverwirklichung Günstigere annahmen.

Schließlich und endlich sei noch ein aus der Feder Ulpians stammendes Fragment erwähnt, das die Kompilatoren laut inscriptio aus dessen fünfzehntem Buch ad Sabinum entnommen haben. In D. 50, 17, 9 heißt es: *Semper in obscuris quod minimum est, sequimur.* Wörtlich übersetzt: »In Zweifelsfällen folgen wir dem Geringsten.« In strafprozessuale Terminologie übertragen müßte das heißen: »Im Zweifel ist der günstigere Sachverhalt zu unterstellen.« Damit hatte Ulpian als erster dem entscheidenden und heute noch gültigen

---

25) Vgl. Lenel Palingenesia I S. 199, sub 125. Auch in der Rekonstruktion des edictum perpetuum erscheint es unter dem Titel *De satistando*, über die Sicherheitsleistung. Vgl. Lenel Edictum Perpetuum Tit. XII § 51

26) Dem Kläger darf nicht gestattet werden, was dem Beklagten untersagt wird.

27) Vgl. Palingenesia II S. 570, sub 765 und Edictum Perpetuum Tit. XVII § 95. a.A. Moser a.a.O.

28) Im Zweifel ist immer das Günstigere vorzuziehen. D. 50, 17, 56

29) Palingenesia I S. 183, sub 23, Edictum Perpetuum Tit. XVII § 168. So auch Kaser Röm. Privatr. I S. 209 Anm. 23; Berger in Att. del Congr. intern. di dir. rom. Bd. II S. 205; a.A. Biondi II S. 141

30) Vgl. D. 28, 4, 3, § 1, wiederholt in D. 50, 17, 192, § 1. Dieses Fragment führt Moser wieder als Beweis dafür an, daß der geistige Ursprung des i.d.p.r. das römische Recht sei (a.a.O.).

31) Vgl. Kaser Röm. Privatr. I S. 209

Inhalt unseres Grundsatzes[32]) Ausdruck verliehen. Jedoch auch dieses Fragment betraf römisches Zivilrecht. LENEL ordnet es in der Rekonstruktion des ULPIANkommentars ad Sabinum unter die Ausführungen zu den Vermächtnissen[33]). Es findet sich dort im direkten Zusammenhang mit der Erörterung eines wahrhaft obskuren Sachverhaltes aus dem Erbrecht, der von den Kompilatoren unter D. 30, 14, § 1 in das Corpus Iuris aufgenommen worden ist. Ein Testator hatte einem Legatar ein doppeltes Legat vermacht und auch zwei *quantitates* oder zwei Grundstücke (alternativer Sachverhalt) als Legate bezeichnet. Er hat aber nur einen Erben benannt, oder (wiederum alternativer Sachverhalt) bestimmt, daß nur einmal geschuldet werden solle[34]). Zu diesem Sachverhalt trägt ULPIAN in dem Digestenfragment D. 30, 14, § 1 die Ansicht von vier anderen Juristen vor, die eigene aber fehlt. Sie findet sich in der hier erörterten Sentenz: In dieser zweifelhaften Situation schuldet der Erbe das Minimum, nämlich nur das einfache Legat. So konnte das Testament gerettet, dem *favor testamenti* Genüge getan werden.

Es war dies das letzte hier interessierende Fragment aus dem Corpus Iuris Civilis. Aus der bisherigen Untersuchung darf geschlossen werden, daß unser Grundsatz jedenfalls im klassischen und nachklassischen römischen Recht nicht ausdrücklich anerkannter Bestandteil des Strafprozeßrechtes gewesen ist.[35]) Es muß daraus geschlossen werden, daß im römischen Zivilrecht in Form der *favores libertatis* und *testamenti* zwei Tendenzen lebendig waren, die ihren Niederschlag im Corpus Iuris Civilis in Formulierungen gefunden haben, die der unseres Grundsatzes teilweise sehr ähnlich, teilweise sogar gleich sind.

Es eröffnet sich somit die Möglichkeit, daß spätere Generationen diese Formulierungen mißverstanden und sie als zum römischen Strafprozeßrecht gehörig aufgefaßt haben.

---

[32]) Vgl. hierzu STREE, S. 5, der diese Formulierung allerdings für »mißverständlich« hält.

[33]) Palingenesia II S. 1054, sub 2532 a.E.

[34]) *Si ita sit adscriptum: »Si cui legavero bis semel heris ei dato« vel »ut semel debeatur« et eidem duas quantitates adscripserit vel duos fundos an utrum debeatur.*

[35]) So auch WENG, der ansonsten jedoch für seine Behauptung, die römischen Richter hätten *in dubio pro reo* entschieden, den Beweis an Hand der Quellen schuldig geblieben ist.

II Die mittelalterlich-italienische Wissenschaft und das kanonische Recht

Die Darstellung des historischen Ablaufs zum Grundsatz i.d.p.r. im deutschen Strafprozeßrecht überspringt nunmehr die fünf Jahrhunderte vom 6. bis zum 11. Jh. n. Chr., in denen in Italien die gesamte Rechtswissenschaft auf den »denkbar niedrigsten«[1]) Stand herabsank, um in der von der Universität Bologna ausgehenden Renaissance des römischen Rechtes den Faden des zu untersuchenden Gegenstandes wiederaufzunehmen.

Motiv und treibende Kraft der erblühenden Wissenschaft vom römischen Recht war das Bedürfnis der durch den Handel reich gewordenen oberitalienischen Städte nach einem Rechtssystem, das den sich schnell entwikkelnden kaufmännischen Usancen besser gerecht werden konnte, als es das geltende lombardische Volksrecht, das Vulgarrecht, vermochte[2]). Hinzu kam der glückliche Umstand, daß in der Mitte des 11. Jahrhunderts in Pisa eine Digestenhandschrift auftauchte, die den Rechtsgelehrten von Bologna den vollständigen Text des Corpus Iuris Civilis wieder zur Kenntnis brachte[3]).

1) Der Glossator Accursius

Der bedeutendste von ihnen und gleichzeitig der erste, der das Corpus Iuris Civilis glossierte, Irnerius, gründete die Schule der Glossatoren, deren Werke uns durch Accursius[4]), der sie sammelte und zu einem Werk, der »Glossa ordinaria«, zusammenfaßte, überliefert sind.

In diesem Sammelwerk des Accursius findet sich als Glosse zu dem oben besprochenen Gaiusfragment: *Favorabiliores rei potius quam actores habentur*[5]) folgendes: *Pone ut Insti. de interdic. + commodum + de actio obligation. Arrianus: ubi in dubio absolvitur reus.* Trennt man die eigentliche Ansicht des Glossators[6]) von dem Hinweis auf die Parallelstelle, so bleibt als solche das *in dubio absolvitur reus* bestehen, das in strafprozessualer Terminologie jenen Inhalt ausdrückt, den auch wir heute mit dem i.d.p.r. verbinden[7]).

---

1) Kunkel RG. S. 124
2) v. Savigny Bd. III S. 84
3) Vgl. hierzu Kunkel RG. S. 124; v. Hippel S. 91
4) ca. 1182 bis 1260. v. Savigny Bd. V S. 268f.
5) D. 50, 17, 125. Der Beklagte ist eher zu begünstigen als der Kläger. Vgl. oben S. 4
6) Die Glosse scheint von Arrianus zu stammen, worauf dessen Erwähnung in der inscriptio hindeutet.
7) Vgl. Stree S. 19f.

Fraglich bleibt jedoch, ob schon die Glosse sich auf den Strafprozeß bezogen hat, d.h. ob sie einen Grundsatz des italienischen Strafprozeßrechts jener Zeit ausdrückt. Der Hinweis auf die Parallelstelle, auf die sich die Glosse selbst bezieht – *ubi* –, vermag hier einen Anhaltspunkt zu bieten. Er verweist auf Titel 15 des IV. Buches der Institutionen. In dem einzigen Fragment, das sich dort mit dem Zweifel befaßt, heißt es: Wenn der Kläger sein Besitzrecht nicht beweisen könne, bleibe der Besitz, wo er sei. Denn nach beiden Rechten sei in zweifelhaften Sachen gegen den petitorischen Anspruch des Klägers zu entscheiden[8]). Hier geht es also um Zivilprozeßrecht, woraus eine Vermutung für die Zugehörigkeit auch der Glosse zu diesem Rechtsgebiet herzuleiten ist. Dem widerspricht auch das *absolvitur* in der Glosse nicht, denn schon die Klagformel des altrömischen Zivilprozesses sprach ja vom *absolvere* des *reus*. Jedoch wird sich weder diese Vermutung noch deren Gegenteil beweisen lassen, denn ACCURSIUS trennt in seiner Glossa ordinaria noch nicht zwischen Straf- und Zivilprozeßrecht, so daß sich die Glosse auf beides beziehen könnte.

2) Die Postglossatoren oder Kommentatoren

Eine derartige Trennung haben in der italienischen Wissenschaft zuerst die Kommentatoren oder – wie sie auch genannt werden – Postglossatoren vollzogen. Die bedeutendsten von ihnen und zugleich jene beiden, die den Rezeptoren des mittelalterlich-italienischen Strafprozeßrechts in Deutschland als die maßgeblichen Autoritäten galten, waren ALBERTUS GANDINUS oder DE GANDINO[9]) und ANGELUS ARETINUS[10]).

Hebt schon diese Tatsache sie in ihrer Bedeutung für diese Untersuchung aus der Fülle ihrer Zeitgenossen, die sich mit demselben Rechtsgebiet beschäftigt haben, hervor, so wird diese Bedeutung noch dadurch wesentlich verstärkt, daß es GANDINUS und ARETINUS waren, die sich als erste in der Geschichte der Strafrechtswissenschaft für die Anwendung des i.d.p.r. im Strafprozeß eingesetzt haben.

Das i.d.p.r. findet sich bei ihnen zuerst in den Ausführungen zum Beweise der Straftat.

Bevor auf seine Bedeutung in diesem Zusammenhang eingegangen wird, erscheint es jedoch zum besseren Verständnis notwendig, die Grundzüge des mittelalterlich-italienischen Beweisverfahrens jedenfalls kurz zu umreißen.

Im römischen Strafprozeßrecht galt – wie im geltenden deutschen – der Grundsatz der freien Beweiswürdigung[11]). Der Richter konnte sich frei

---

[8]) Nr. 4: *si modo actor suam esse non probare remenet in suo loco possessio. Propterquam causam cum obscura sunt utriusque iura contra petitorem iudicari solet.*

[9]) geb. zwischen 1235 und 1250, gest. gegen 1304, vgl. KANTOROWICZ Bd. I S. 5, 38

[10]) gest. 1450, vgl. v. HIPPEL S. 93

[11]) Vgl. MOMMSEN Strafrecht S. 436. KUSCH schließt allein aus dieser Tatsache, es habe auch das i.d.p.r. gegolten (S. 84 für das römische Recht, S. 97 für den Vorsatzbeweis im mittelalterlich-italienischen Recht). Das i.d.p.r. ist aber keineswegs notwendig die

seine Überzeugung darüber bilden, ob jedes Merkmal der Strafbarkeit vorlag oder nicht.

Anders jedoch im mittelalterlich-italienischen Recht, das den Strafrichter an eine Kette von Beweisregeln legte. Wie sich aus den Werken von ARETINUS und GANDINUS[12]) ergibt, hatte der Richter – sobald er eine bestimmte Tatsache feststellen mußte, z. B. daß der Angeklagte ein Geständnis abgelegt habe – die Strafbarkeit des Angeklagten als bewiesen zu betrachten. Derartige Tatsachen nannten die Italiener *indicia indubitata*[13]).

Konnten im Verfahren derartige *indicia indubitata* nicht ermittelt werden, so war der Richter dennoch verpflichtet, den Angeklagten foltern zu lassen, sofern er bestimmte andere Tatbestände feststellen mußte. Diese Tatbestände nannten die Italiener *indicia dubitata;* ein solches war z. B. die Aussage zweier Zeugen, die nicht Tatzeugen waren[14]).

Offensichtlich ist, daß durch derartige Beweisregeln schon die Möglichkeit, das i. d. p. r. im Strafverfahren anzuwenden, stark eingeschränkt wird. So konnte der italienische Richter des 13. Jahrhunderts an der Notwendigkeit der Folter nicht mehr zweifeln, wenn er feststellen mußte, daß der Tatbestand eines *indicium dubitatum* erfüllt war. Möglich blieb ihm nur noch der Zweifel daran, ob ein solches Indiz überhaupt vorlag. Nicht anders verhielt es sich bei dem *indicium indubitatum:* Möglich war nur noch der Zweifel daran, ob ein solches Indiz vorlag, etwa daran, ob der Verdächtige versucht hatte, dem Geschädigten Geld anzubieten. War das aber festgestellt, so mußte der italienische Richter den Angeklagten selbst dann zu der gesetzlich vorgeschriebenen Strafe verurteilen, wenn er von dessen Schuld keineswegs überzeugt war.

ARETINUS und GANDINUS haben die rechtliche Relevanz des Zweifels im Beweisverfahren nur für das *indicium indubitatum* anerkannt. Unter dem Titel

---

Folge freier Beweiswürdigung, was schon die oben durchgeführte Untersuchung des römischen Rechtes beweist. KUSCH hat sich bei seiner Folgerung wohl allzusehr von modernen Vorstellungen leiten lassen.

[12]) Sie waren beide auch Richter, vgl. KANTOROWICZ a. a. O.; v. HIPPEL S. 93 Anm. 2

[13]) Solche *indicia indubitata* waren unstrittig folgende sechs Tatbestände:

1. *Das Geständnis des Angeklagten*
2. *Die Aussage zweier klassischer Tatzeugen*
3. *Die praesumtio iuris et de iure*
4. *Daß der Verdächtige den Geschädigten durch Geld abzufinden sich bemüht habe*
5. *Die Notorietät*
6. *Der Augenschein solcher amtlicher Personen, deren Aufgabe nicht in der Strafverfolgung bestand*

GANDINUS zählt drei weitere komplizierte Tatbestände auf, die, wie er jedoch selber zugibt, bestritten waren. Vgl. GANDINUS S. 94f.; ARETINUS Fol. 138 sowie BRUNNENMEISTER S. 106f. zu den Differenzen zwischen beiden. WENG behauptet (S. 34ff.), erst nach FARINACIUS (gest. 1618) sei die Differenzierung der indicia in der hier geschilderten Weise im mittelalterlich-italienischen Strafprozeßrecht eingeführt worden. Das ist angesichts der Quellen wohl nicht haltbar. Zur Herkunft der Beweisregeln aus dem kanonischen Recht, vgl. unten S. 14

[14]) GANDINUS und ARETINUS zählen zwar einige *indicia dubitata* als Beispiele auf, bemerken jedoch dazu abschließend, es gebe ihrer noch viele andere, die der Richter nach seinem Ermessen bestimmen könne, vgl. GANDINUS S. 89 sub 27, S. 159 sub 14, und gleichlautend ARETINUS Fol. 145 sub 12

De praesumptionibus et indiciis indubitatis ex quibus condemnatio potest sequi[15]) erörtern sie, ob mehrere *indicia dubitata* zusammen ein *indicium indubitatum* ergeben können. Beide lehnen das unter anderem mit folgender Begründung ab: Im Zivilprozeßrecht möge es ja angehen, daß auf Grund von unvollständigen Beweisen verurteilt werde. »In Strafsachen kann aus solchen halben Beweisen jedoch niemand verurteilt werden, denn dort müssen die Beweise völlig klar sein. Hier muß äußerst genau verfahren werden, weil über das Schicksal eines Menschen verhandelt wird«[16]).

Als weiteren Grund für seine Ablehnung der Konstruktion eines *indicium indubitatum* aus mehreren *indicia dubitata* führt GANDINUS dann aus: *Et in talibus dubiis et incertis probationibus melius est facinus impunitum relinqui nocentis quam innocentem damnare, et quia in dubiis pene sunt potius molliende quam exasperende*[17]).

ARETINUS drückt sich hier ein wenig anders aus; er sagt: *In casibus dubiis melius est . . .*[18]).

Es ist unschwer zu erkennen, daß ARETINUS und GANDINUS hier zwei Digestenfragmente, wenn auch in leicht abgewandelter Form, für ihre Argumentation benutzt haben; das TRAJANrescript (D 48, 19, 5) und die HERMOGENIANsentenz (D 48, 19, 42), die beide oben schon besprochen worden sind[19]). Beide Autoren berufen sich auch in Anmerkungen ausdrücklich auf das römische Recht[20]). Während das TRAJANrescript in seiner ursprünglichen Form, wie oben schon ausgeführt wurde[21]), lediglich den allgemeinen Wunsch ausdrückt, auf gar keinen Fall einen Unschuldigen zu bestrafen, wird dieser Wunsch hier zum erstenmal im Laufe unserer Untersuchung an die konkrete Voraussetzung des Zweifels gebunden. Damit aber wird das TRAJANrescript zum Ausdruck unseres Grundsatzes, denn wo es besser ist, im Zweifel einen Schuldigen laufen zu lassen, als einen Unschuldigen zu bestrafen, dort wird *in dubio pro reo* entschieden. Steht somit also fest, daß es GANDINUS als der ältere von den beiden war, der das i.d.p.r. zum erstenmal in dessen Geschichte ausgedrückt hat, so bleibt dennoch fraglich, inwieweit er, aber auch sein Nachfolger ARETINUS das i.d.p.r. angewendet wissen wollten. GANDINUS bezieht das TRAJANrescript offensichtlich auf die vorhergehende Diskussion über die Konstruktion

---

15) Über Vermutungen und zweifelsfreie Indizien, auf Grund derer verurteilt werden kann. GANDINUS S. 90, bei ARETINUS fehlt der zweite Satzteil im Titel, vgl. dort Fol. 136

16) GANDINUS S. 92, ARETINUS Fol. 138 unter 2 c. *Tamen in criminali causa ex dictis semiplenis probationibus non erit quis definitive damnandus, quia in causa criminali probationes debent esse apertissime. Strictius enim in eis proceditur, cum circa hominis salutem agatur.*

17) GANDINUS S. 93, wiederholt auf S. 94. Bei derart zweifelhaften und unsicheren Beweisen ist es besser, den Übeltäter unbestraft zu lassen als den Unschuldigen zu bestrafen, und weil in zweifelhaften Sachen eher milde als streng zu bestrafen ist.

18) a.a.O. in zweifelhaften Fällen . . .

19) Vgl. oben S. 2, 4

20) Es entsprach der Wertschätzung des Corpus Iuris durch die italienischen Wissenschaftler, die in ihm eine ratio scipta (EB. SCHMIDT H. G. O. S. 61) sahen, daß es fortwährend als Autorität zitiert wurde.

21) Vgl. oben S. 2

eines *indicium indubitatum* aus mehreren *indicia dubitata*, wenn er von *tales* – solchen – unsicheren und zweifelhaften Beweisen spricht. Aus der Tatsache, daß er den Plural gebraucht, obwohl er ja zuvor nur einen bestimmten Fall diskutiert hatte, darf geschlossen werden, daß Gandinus über diesen einen Fall hinaus das i.d.p.r. jedenfalls für jeden Zweifel daran, ob ein *indicium indubitatum* vorliege, angewendet wissen wollte. Dieses zur Verurteilung eines Angeklagten ebenso notwendige wie ausreichende Indiz sollte also wahrhaft *indubitatum* – unbezweifelbar – sein[22]).

Aretinus hat das i.d.p.r. an dieser Stelle zwar wesentlich allgemeiner gefaßt als Gandinus. Daraus kann aber nun andererseits auch nicht geschlossen werden, er habe es allgemein für das Beweisverfahren, also insbesondere auch bei Zweifeln daran, ob ein zur Folter ausreichendes Indiz vorliege, angewendet wissen wollen. Zwar besagt die Bezeichnung dieses Indizes als *dubitatum* schon, daß hier Zweifel durchaus möglich waren. Die Bestimmung dieses Indizes blieb jedoch der freien Beweiswürdigung des Richters vorbehalten[23]). Wie dieser aber im Zweifel zu entscheiden habe, das sagen weder Aretinus noch Gandinus.

Gandinus und Aretinus diskutieren die Anwendbarkeit des Grundsatzes i.d.p.r. sodann noch für einen weiteren Verfahrensbestandteil des Strafprozesses, die Gesetzesauslegung. Im Kapitel über die Bestrafung der Angeklagten[24]) heißt es dazu, es sei die Aufgabe ihrer Arbeiten zu zeigen, wann die Auslegung von Gesetzen zugunsten des Delinquenten zu erfolgen habe und wann nicht[25]).

Beide wollen zwar auf »den ersten Blick«, daß bei der Gesetzesauslegung die Strafe »zurückgehalten« werde[26]). In der Auseinandersetzung mit dem *favor publicus*, dem öffentlichen Strafverfolgungsinteresse, halten sie diese Ansicht jedoch in der Folge nur insoweit aufrecht, als sichergestellt ist, daß kein begangenes Verbrechen ohne Strafe bleibt: *Ad quod dicendum est, favorem publicum considerari, ne maleficia remaneant sine pena ex quo constat ipsa maleficia fore commissa, alias autem in re dubia et cum sit incerta qualitas criminis pena restringitur cum debeamus potius esse proni ad lenitatem quam severitatem*[27]). Wie weit diese Einschränkung der Begünstigung des Angeklagten im Interesse des Poenalisierungsbedürfnisses ging, zeigen die angegebenen Beispiele. Da

---

[22]) Das sagen Gandinus und Aretinus auch an anderer Stelle, vgl. Gandinus S. 98 a. E., Aretinus Fol. 139 sub 12 a.E.

[23]) Vgl. oben S. 9 A. 14

[24]) *De penis reorum in genere et de percussione et insultu.* Gandinus S. 209f., Aretinus Fol. 151f., dort heißt der Titel nur *De penis reorum*.

[25]) Gandinus S. 267 unter 51, Aretinus Fol. 157 unter 51: *circa presentem materiam et tractatum de penis est videre quando interpretatio sit facienda in favorem delinquentis et quando non.*

[26]) *Et primo videtur quod interpretatione legis pena debeat restringi et non ampliari.* Gandinus S. 267 unter 51, Aretinus Fol. 157 unter 51

[27]) Gandinus S. 269 unter 51 a.E. Aretinus a.a.O. Wozu unter Hinweis auf das öffentliche (Strafverfolgungs-)Interesse zu sagen ist, daß kein Verbrechen unbestraft bleiben darf, wo feststeht, daß ein solches begangen worden ist. In zweifelhaften Fällen aber und in solchen, in denen die Strafvorschrift unklar ist, soll die Strafe zurückgehalten werden, denn es ziemt uns besser, zur Milde geneigt zu sein als zur Brutalität.

wird entschieden, daß der Täter eines Totschlages im Zweifel mit böser Absicht gehandelt habe[28]), denn dieser *dolus malus* war zur Bestrafung aus der lex Cornelia notwendig[29]). Oder – an anderer Stelle[30]) –, daß alle Anwesenden als Täter zu bestrafen seien, wenn unklar bleibe, wer von ihnen zugeschlagen und damit eine Körperverletzung verschuldet habe.

Beide Fälle sind in Umkehrung unseres Grundsatzes, also in dubio contra reum, entschieden worden, wobei im letzten Fall sogar offensichtlich Unschuldige bestraft werden sollten. Beide Entscheidungen verraten darüber hinaus in ihrer Begründung das Bestehen von Vorstellungen, die später zu der sog. Verdachtstrafe führen sollten[31]). In diesem Zeitpunkt der Untersuchung braucht auf diese Entwicklung jedoch noch nicht eingegangen zu werden. Hier bleibt nur zu fragen, ob das i.d.p.r. dann wenigstens in den verbleibenden Fällen angewendet werden sollte, in denen die Gefahr einer Nichtbestrafung eines begangenen Verbrechens nicht bestand und nur die *qualitas criminis* unsicher war[32]). Was darunter und unter dem in diesem Fall zu praktizierenden *penam restringere* zu verstehen sei, erläutern Aretinus und Gandinus wie folgt:

Et ideo presumitur in dubio minus fuisse delictum et ideo ad sententiam condemnatorium sequitur minor pena[33]) sowie an anderem Ort: . . . *ubicumque incertum est delictum, id est quod delictum sit comissum habet locum regularis canonici et civilis quia in obscuris quod minimum sequimur*[34]).

Das *delictum* oder die *qualitas criminis* war demnach der gesetzliche Straftatbestand, und dieser war *incertum*, wenn seine Anwendbarkeit zweifelhaft blieb[35]). Das *penam restringere*, von dem Gandinus und Aretinus in dem ersten Zitat sprachen, soll nach diesem Zitat nun nicht schon jedesmal angewendet werden, wenn ein Tatbestand *incertum* ist, sondern nur, wenn gleichzeitig ein mit geringerer Strafandrohung ausgestatteter Tatbestand zweifelsfrei erfüllt ist, und der Angeklagte daher aus dessen Strafrahmen bestraft

---

[28]) Gandinus S. 268, Aretinus a.a.O. *si percussero aliquem vel occidero, . . . presumitur quod dolo et malo animo hoc fecerem in dubio.*

[29]) Vgl. Gandinus *De homicariis et eorum pena* S. 278 unter 2, Aretinus unter demselben Titel Fol. 158 unter 1

[30]) Gandinus S. 268, Aretinus a.a.O. *Si sit incertum, qui ex pluribus percusserit, presumitur contra omnes et ampliatur odium restringitur favor videlicet quod omnes sunt puniendi.*
Hier geht es nicht etwa um einen Raufhandel und die Bestrafung der bloßen Beteiligung daran. Dieser wird bei Gandinus S. 288 unter 12, und bei Aretinus Fol. 159 unter 13 in anderer Form erörtert.

[31]) Vgl. unten S. 46

[32]) Die erwähnte *res dubia* dürfte, wie sich aus dem Zusammenhang ergibt, lediglich eine andere Bezeichnung für die Zweifel an der Gesetzesauslegung sein.

[33]) Gandinus S. 269 unter 51, Aretinus Fol. 157 unter 51. Im Zweifel ist daher zu unterstellen, es sei das geringere Delikt begangen worden und daher zu geringerer Strafe zu verurteilen.

[34]) Gandinus S. 288 unter 12, Aretinus Fol. 159 unter 13. Dort, wo das Delikt unsicher ist, d.h. welches Delikt begangen worden ist, ist der zivilrechtliche und kanonische Satz, daß im Zweifel dem geringeren zu folgen ist, anzuwenden. Gandinus' Hinweis auf das kanonische Recht bezieht sich auf Reg. 30 R. J. in VI°, vgl. dazu unten S. 18

[35]) Ein Sachverhalt, der häufig aufgetreten sein muß, da die gesetzlichen Straftatbestände nur sehr lückenhaft waren.

werden kann[36]). Das *penam restringere* selber soll dann darin bestehen, daß bei bloßem Zweifel an der Anwendungsmöglichkeit des strengeren Strafgesetzes das mildere angewendet und der Angeklagte dementsprechend bestraft wird.

Eine derartige Praxis offenbart zwar die Anwendung des i.d.p.r., denn hier wird bei Zweifeln an einem Straftatbestand aus derjenigen anderen Gesetzesvorschrift bestraft, die dem Angeklagten dank ihres milderen Strafrahmens günstiger ist. Aus dieser Tatsache darf indes noch nicht geschlossen werden, ARETINUS und GANDINUS hätten sich für eine grundsätzliche Anwendung des i.d.p.r. im Rahmen der Gesetzesauslegung ausgesprochen, denn nur für den kleineren Teil aller möglichen Fälle von Zweifeln am gesetzlichen Tatbestand, nämlich nur für diejenigen, in denen ein Auffangtatbestand gegeben und erfüllt war, wollten die Italiener das i.d.p.r. angewendet wissen.

Der Anwendung des i.d.p.r. bei Zweifeln am Bestehen eines *indicium indubitatum* muß jedoch grundsätzlicher Charakter beigemessen werden, denn hier sollte in allen Fällen, in denen derartige Zweifel auftauchen, für den Angeklagten entschieden, d.h. dieser freigesprochen werden.

Daß dies auch in der Praxis tatsächlich geschah, daran kann kein Zweifel bestehen, denn sowohl ARETINUS als auch GANDINUS schildern uns die Strafpraxis ihrer Zeit[37]).

Zum Abschluß der Untersuchung des mittelalterlich-italienischen Strafprozeßrechts bedarf es noch eines kurzen Hinweises auf die Art, in der GANDINUS und ARETINUS das Corpus Iuris Civilis zitierten und als Autorität für ihre strafprozessualen Erörterungen in Anspruch nahmen.

Die im ersten Teil der Arbeit besprochene HERMOGENIANsentenz (D. 48, 19, 42)[38]) hat GANDINUS durch den Zusatz des Wortes *pene* auf das Strafprozeßrecht umgemünzt[39]). Bei der Zitierung der oben ebenfalls besprochenen ULPIANsentenz (D. 50, 17, 9)[40]) weisen GANDINUS und ARETINUS zwar darauf hin, daß es sich um einen Satz des kanonischen und Zivilrechts handelt[41]); das hindert sie jedoch nicht, diese wie zahllose andere Zitate, die dem römischen Zivilrecht entstammen, für das Strafprozeßrecht in Anspruch zu nehmen[42]).

Damit hat sich die oben, zum Abschluß des ersten Teils dieser Arbeit, geäußerte Vermutung bestätigt: Die im römischen Zivilrecht entwickelten *favores libertatis* und *testamenti* und andere sind von den späteren Juristen

---

[36]) Das erscheint von der Prämisse des GANDINUS und ARETINUS, nach der keine Straftat ohne Strafe bleiben sollte, auch folgerichtig.

[37]) v. HIPPEL S. 91

[38]) Vgl. oben S. 2

[39]) Vgl. oben S. 10

[40]) Vgl. oben S. 5

[41]) Vgl. oben S. 12

[42]) Vgl. die Quellenangaben bei KANTOROWICZ Bd. II. Daraus kann nicht etwa der Vorwurf der wissenschaftlichen Unehrlichkeit konstruiert werden. Die »fast abergläubische« Ehrfurcht (v. SAVIGNY Bd. III S. 447), mit der die Italiener dem Corpus Iuris Civilis begegneten, verhinderte jede kritische Textanalyse. Vgl. hierzu auch OEHLER S. 31f.

mißverstanden, d.h. als strafprozessuale Grundsätze verstanden worden und haben derart dazu beigetragen, daß ähnliche *favores*, darunter unser Grundsatz i.d.p.r. im Strafprozeßrecht entstanden sind.

3) Das kanonische Recht

In mehreren Darstellungen des geltenden Strafprozeßrechts findet sich die Behauptung, unser Grundsatz habe im mittelalterlich-kanonischen Recht in der Fassung: *actore non probante reus absolvitur gegolten*[43]).

Diese Behauptung erregt Zweifel schon deshalb, weil sich das *actore non probante reus absolvitur* nicht im Corpus Iuris Canonici, sondern im kanonischen Recht erstmalig im Codex Iuris Canonici vom 27. 5. 1917 findet[44]).

Nun schließt diese Tatsache zwar nicht aus, daß unser Grundsatz eventuell in anderer Fassung im Corpus Iuris Canonici und damit im mittelalterlich-kanonischen Recht enthalten gewesen sein könnte. Jedoch zeigt sich bei einer genaueren Betrachtung der einschlägigen Texte des Corpus Iuris Canonici[45]), daß das i.d.p.r. nicht Bestandteil des mittelalterlichen kanonischen Strafprozeßrechts gewesen ist.

Im Decretum Gratiani[46]) heißt es zum kanonischen Strafverfahren: *non credantur qua certis indiciis non demonstrantur*[47]). Ähnlich lautet der diesem Satz vorgehende: *res dubia non definiatur certa sententia*[48]). Beide Stellen beweisen, daß nach mittelalterlich-kanonischem Recht nur auf Grund sicherer Indizien verurteilt werden durfte. Das entsprach der Regel, die wir aus der Erörterung des mittelalterlich-italienischen Rechts kennen. Diese Übereinstimmung beruht auf der Tatsache, daß das mittelalterlich-italienische Strafprozeßrecht seine Beweis- und insbesondere seine Indizienlehre aus dem früheren mittelalterlich-kanonischen Recht übernommen hat[49]).

Es ist oben dargestellt worden, in welcher Weise die Italiener die übernommenen Beweisregeln dann zur teilweisen Anwendung unseres Grundsatzes weiterentwickelt haben. Bei Gratian finden sich nicht einmal Ansätze dieser Entwicklung. Er diskutiert die Frage, was bei zweifelhafter, nicht weiter aufklärbarer Beweislage im Strafprozeß geschehen soll, überhaupt nicht.

---

[43]) Vgl. Henkel S. 405; Peters S. 240; Kern S. 59; Stree S. 3

[44]) Vgl. dort Canon 1748 § 2

[45]) Es handelt sich hierbei um alle von Kardinal Gasparri zu Canon 1748 § 2 angeführten Stellen, sowie um diejenigen, die Moser und Weng (S. 19f. bzw. S. 23ff.) zitieren; schließlich um einige wenige, die mir außerdem wichtig erschienen.

[46]) Joannes Gratian war Kamaldulensermönch. Das Werk entstand während seiner Lehrtätigkeit in Bologna. Es wurde 1139 oder 1151 fertiggestellt, jedoch niemals als offizielle Gesetzessammlung vom Papst promulgiert, vgl. Plöchl Bd. II S. 411f.

[47]) c. 75, C XI, qu 3: Was nicht durch sichere Indizien bewiesen wird, wird nicht für wahr gehalten.

[48]) c. 74, C XI, qu 3: Zweifelhaftes kann kein sicheres Urteil begründen.

[49]) Zu den Beweisregeln des mittelalterlich-kanonischen Rechts vgl. Plöchl Bd. II S. 314ff.

In den Dekretalen Gregors IX.[50]) finden sich dann jedoch jene zwei Stellen, die am ehesten die Vermutung begründen könnten, das mittelalterlich-kanonische Strafprozeßrecht habe unseren Grundsatz bereits gekannt.

In dem Titulus *De jure jurando*, also über den Eid, behandelt Raimund im caput 36 die Eideszuschiebung. Nachdem zu Beginn vom Verbot der Rücknahme eines zugeschobenen Eides gehandelt worden ist, heißt es sodann im unmittelbaren Anschluß: *actore nihil probante, reus est absq. omni onere absolvendus: Si vero praesumptio est pro eo, defertur reo juramentum, vel ipsi actori consideratis personarum, et causa circumstantiis*[51]). Diesen nicht eben klaren Leitsatz erläutert Raimund dann wie folgt: *Sane si actor omnino in probatione defecerit, reus debet (et si nihil praestiterit) obtinere. Praesumptione vero faciente pro illo, reo deferri potest, ad ostendandam suam innocentiam, juramentum nisi judex (inspectis personarum et causa circumstantiis) illud actori videat deferendum*[52]).

Die erwähnte zweite Stelle findet sich in einem *summarium* der *ecclesiastica beneficia*. Es heißt dort: *cum enim juris sit explorati, quod actore non probante, is qui convenitur, etiam si nihil praestiterit, debet absolvi*[53]).

Beide Stellen[54]) haben ihren Ursprung in einem Reskript des Kaisers Antoninus, das lautet: *Qui accusare volunt, probationes habere debent, cum neque iuris neque aequitatis ratio permittat, ut alienorum instrumentorum inspiciendorum potestas fieri debeat actore enim non probante qui convenitur, etsi nihil ipse praestarit, obtineat*[55]).

Fraglich ist, ob sich dieses Reskript auf das Strafprozeßrecht bezog. Der Gebrauch des Verbs *accusare* durch Antoninus deutet weder auf Straf- noch Zivilprozeßrecht hin, wie C. 12, 19, 14 beweist, wo von der *accusatio civilis causae vel criminalis* die Rede ist.

Für den Bezug der Stelle auf das Zivilprozeßrecht spricht zum einen, daß ausdrücklich von der Nichtleistung des Beklagten die Rede ist, zum anderen

---

[50]) Gregor IX (1227–1241) ließ diese Dekretalensammlung von dem Dominikaner Raimund von Pennafort (1175–1275) anfertigen. Sie wurde am 5. 9. 1234 als offizielle Gesetzessammlung promulgiert (vgl. Plöchl Bd. II S. 419, 446).

[51]) c. 36, X, de iure iurando, II, 24: Wenn der Kläger nichts beweist, so ist der Beklagte von jeder Last freizusprechen. Wenn aber eine Praesumytion für ihn besteht, so wird der Eid dem Beklagten zugeschoben, oder bei Berücksichtigung der Umstände (und der Glaubwürdigkeit?) der Personen dem Kläger selbst.

[52]) a.a.O.: Fürwahr, wenn der Kläger den Beweis völlig verfehlt hat, dann soll der Beklagte obsiegen, auch wenn er nichts geleistet hat. Nachdem bereits eine Praesumytion für ihn gesprochen hat, kann dem Beklagten der Eid zugeschoben werden, wenn nicht der Richter (unter Berücksichtigung der Umstände) dem Kläger jenen (Eid) zuschieben will.

[53]) c. un, X, ut ecclesiastica beneficia sine diminutione conferantur, III, 12: Es ist anerkanntes Recht, daß derjenige, der in Anspruch genommen wird, freigesprochen wird, wenn der Kläger nicht beweist, und zwar auch dann, wenn er selber nichts geleistet hat.

[54]) Ganz offensichtlich gilt dies auch für die Stelle, die Weng (S. 29) – allerdings mit falscher Fundstelle – zitiert.

[55]) C. 2, 1, 4: Wer anklagen will, muß Beweise haben, weil weder die ratio des ius noch die der aequitas es gestattet, die Möglichkeit einer Berücksichtigung anderer Demonstrationsmittel zu gewähren. Wenn der Kläger nämlich nicht beweist, dann wird derjenige obsiegen, der in Anspruch genommen wird, und zwar auch dann, wenn er selbst nichts leistet.

die Bezeichnung des Beklagten und schließlich die Verwendung des Verbs *obtinere* zur Charakterisierung der Rechtsfolge.

Die Bezeichnung des Angeklagten im römischen Criminalprozeß lautete in aller Regel *reus*[56]). Daß mit dem *qui convenitur* hier auch nur ausnahmsweise der Angeklagte eines Strafprozesses angesprochen sein sollte, erscheint sehr unwahrscheinlich, denn gerade der Angeklagte des spätrömischen Strafverfahrens wurde nicht lediglich »in Anspruch genommen«. Schließlich »obsiegte« (obtinere) der Angeklagte im römischen Strafprozeß auch nicht, sondern er wurde freigesprochen, wofür sich in den Quellen nur das Verb *absolvere* findet[57]). Hat diese Stelle also schon deshalb keinen Bezug auf das i.d.p.r., weil sie dem römischen Zivilprozeßrecht zugehörte[58]), so zielt sie auch inhaltlich auf eine ganz andere Situation als die des i.d.p.r. Das i.d.p.r. regelt die Lage, in der der Beweis nicht gelingt. Hier aber geht es um einen Fall, in dem der Kläger überhaupt keinen Beweis antritt. *Aliena instrumenta* als die zulässigen Beweismittel dürfen nicht verwendet werden; der Kläger verliert seinen Prozeß, wenn er nichts beweist.

In seiner Erläuterung zu der ersten der oben zitierten kanonischen »Tochterstellen« verweist RAIMUND ausdrücklich auf die römische »Mutterstelle«. RAIMUND bezieht diese Tochterstelle wohl auch auf das Zivilprozeßrecht. Dafür spricht insbesondere der erste Satz seiner Erläuterung, in dem er auf das Schulden einer Leistung (praestare) eingeht und den Terminus *obtinere* beibehält. Im zweiten Satz erklärt er dann jedoch, die Stelle gelte auch für das Strafprozeßrecht, denn nur dort kann es um das *ostendare suam innocentiam* gehen. Was für die erste der oben zitierten Stellen aus dem kanonischen Recht gilt, hat insoweit auch für die zweite Geltung. Deren Zugehörigkeit zum Strafprozeßrecht ergibt sich zwar nicht aus ihrem Wortlaut, jedoch aus dem Zusammenhang, in dem sie steht. Ist RAIMUND dem römischen Recht also hinsichtlich der Zuordnung der Stellen zum Zivilprozeßrecht nicht gefolgt, so hat er sie in ihrem Sinngehalt doch sehr exakt übernommen. Er hat diesen sogar noch präzisiert. Schon in der ersten Stelle heißt es nicht mehr wie im Codex Justinianus: *actore enim non probante* . . ., sondern: *actore nihil probante* . . . Dieser bereits eindeutige Hinweis auf das Fehlen jeden Beweises wird in der Erläuterung der ersten Stellen nochmals verstärkt, wenn es dort heißt: *Si actor omnino in probatione defecerit* . . . Demgegenüber lautet der Text der zweiten Stelle aus dem Corpus Iuris Canonici zwar wieder wie die römische Mutterstelle, doch kann angesichts der klaren und eindeutigen Stellungnahme RAIMUNDS zu der ersten der Tochterstellen kein Zweifel daran bestehen, daß die zweite ebenso zu verstehen ist. Dieses Verständnis des späteren *actore non probante, reus absolvitur* als eines Rechtssatzes, der das völlige Fehlen jedes Beweises mit dem Prozeßverlust des Klägers sanktionierte, dieselbe Rechtsfolge nicht aber schon für eine nur zweifelhafte Beweislage aussprach, hat sich bis in das 19. Jahrhundert erhalten. Wie unten

---

[56]) MOMMSEN S. 190
[57]) MOMMSEN S. 3
[58]) So auch WENGER S. 265 A. 18

noch zu zeigen sein wird, hat unter anderen[59]) STÜBEL, der den Wortlaut unseres Grundsatzes geprägt hat, sehr genau zwischem dem i.d.p.r. als Rechtsfolge des ungenügenden Beweises und dem *actore non probante, reus absolvitur*, als Folge des völligen Fehlens jeden Beweises unterschieden[60]) und damit – allerdings wohl auch als letzter – klargestellt, daß der eine Satz mit dem anderen inhaltlich nichts zu tun hat. Tatsächlich hat das spätere *actore non probante, reus absolvitur* auf die weitere Entwicklung zum i.d.p.r. auch keinen Einfluß ausgeübt.

Die weiteren Stellen aus den Dekretalen GREGORS IX., die MOSER und WENG für ihre Behauptung, das kanonische Recht habe das i.d.p.r. gekannt, zitiert haben, beweisen nichts dergleichen. In c. 6, X, de fide instrumentorum, II, 22, geht es ganz allgemein um die Glaubwürdigkeit von Urkunden. Der Leitsatz besagt, daß stark zerstörte oder unleserliche Urkunden keine tauglichen Beweismittel seien. Schon dieser Zusammenhang, in dem sich das von MOSER[61]) und WENG[62]) angeführte Zitat findet, aber auch dessen Wortlaut beweisen, daß es sich hier um Zivilprozeßrecht handelt. Die von MOSER[63]) und WENG[64]) zitierte Stelle c. 3, X, de probationibus, II, 19, hatte in der mir vorliegenden Ausgabe folgenden Wortlaut: *In communi iudicio probant actor et reus: et si pariter probant, reus absolvitur, nisi favorabilem causam foveat actor*[65]). Die entscheidende Einschränkung der ersten Aussage durch den von MOSER offenbar fortgelassenen letzten Halbsatz bezieht sich auf das Zivilrecht. Die *favorabilis causa* ist die, daß der Besitzer, der seine possessorischen Ansprüche geltend macht, diese beweisen kann. Dann wird der Beklagte mit petitorischen Einreden auch dann nicht gehört, wenn der Kläger diese nicht entkräften kann, beide Parteien also hinsichtlich des petitorischen Rechtsverhältnisses *pariter probant*[66]).

In der Erläuterung RAIMUNDS heißt es dann: *Quod si ambarum partium testes sunt aeque idonei, possessoris testes praeferentur, cum promptiora sint jura ad solvendum, quam ad condemnandum*[67]). In diesem eindeutig auf das Zivilrecht bezogenen Zusammenhang findet sich also in den Quellen jener Satz, den wir bei MOSER[68]) und WENG[69]) aus diesem Zusammenhang gerissen in einer

---

[59]) HEFTER, SIEGEN, vgl. unten S. 82 Anm. 90
[60]) vgl. unten S. 81, 82
[61]) S. 19
[62]) S. 28
[63]) S. 20
[64]) S. 28
[65]) Im ordentlichen Verfahren beweisen Kläger und Beklagter. Ist der Beweis gleichwertig, wird die Klage abgewiesen, es sei denn, daß der Kläger einen vorrangigen Anspruch hat.
[66]) Hierzu auch c. 2, X, de causa possessionis et proprietatis, II, 12
[67]) Wenn die Zeugen(aussagen) beider Parteien gleich beweiskräftig sind, werden die Zeugen(aussagen) des Besitzers bevorzugt, weil das Recht mehr zur Klagabweisung neigt, als zur Verurteilung.
[68]) S. 20
[69]) S. 28

Stellung finden, die auf seinen Bezug zum Strafprozeßrecht hindeuten soll[70]).

Schließlich sei noch erwähnt, daß sich auch die Stellen, die MOSER[71]) aus dem Liber Sextus[72]) zitiert, nicht auf das Strafprozeßrecht beziehen. MOSER verweist auf die Regulae Juris, die BONIFAZ VIII. als Anhang zum Liber Sextus promulgiert hat. Sie stammen, wie die inscriptio zeigt, von ihm selbst. PLÖCHL mutmaßt, er habe sie unter Mitwirkung von DINUS MUGELLANUS[73]) in Anlehnung an das römische Zivilrecht zusammengestellt[74]).

Die Vermutung, diese 88 Regulae entstammten jedenfalls überwiegend dem römischen Zivilprozeßrecht, wird auch durch diejenige von ihnen unterstützt, die MOSER zur Stützung seiner These, das kanonische Recht habe das i.d.p.r. gekannt, heranzieht. Wenn es z.B. in Reg. 30 heißt: *in obscuris quod est minimum est sequendum*, so entspricht das wörtlich D. 50, 17, 9. Wie oben dargelegt[75]), war der Satz aber Bestandteil des römischen Zivilrechts. Ebenfalls von einem Satz des römischen Zivilrechts, nämlich D. 50, 17, 125[76]) stammt Reg. 11 ab, in der es heißt: *Cum sunt partium jura obscura, reo favendum est potius quam actori.* Eindeutig auf das Strafprozeßrecht dagegen bezieht sich Reg. 49: *In poenis benignior est interpretatio facienda*[77]). Sie besagt jedoch für das i.d.p.r. nichts. Als Ergebnis ist daher festzuhalten, daß das mittelalterliche kanonische Recht das i.d.p.r. nicht gekannt hat. Wie die weitere Untersuchung ergeben wird, ist die Entwicklung zum i.d.p.r. auch in keiner späteren Phase vom kanonischen Recht beeinflußt worden.

---

[70]) Ich habe aus den Dekretalen GREGORS IX. folgende weitere Stellen untersucht:
c. 15, X, de indiciis, II, 1;
c. 6, X, de exceptionibus, II, 25;
c. 26, X, de sententia et re iudicata, II, 27;
c. 3, X, de successionibus ab intestato III, 27;
c. 3, X, de eo qui cognovit consanguinem uxoris suae vel sponsae IV, 13;
Diese Stellen beziehen sich alle eindeutig auf das Zivilrecht, während die folgenden Stellen sich zwar auf das Strafprozeßrecht, nicht aber auf das i.d.p.r. beziehen.
c. 12, X, de accusationibus, inquisitionibus et denunciationibus, V, 1;
c. 8, X, de clerico excommunicato deposito V, 27;
c. 14, X, de excessibus praelatorum V, 31;
c. 14, X, de appellationibus II, 28

[71]) S. 19 und 20

[72]) Auf Ersuchen der Universität Bologna beauftragte Papst BONIFAZ VIII. (1294–1303) eine Dreierkommission, eine neue authentische Dekretalensammlung zu verfassen. Sie wurde am 3. 3. 1298 promulgiert. Vgl. hierzu PLÖCHL Bd. I S. 423

[73]) Seit 1289 Professor des Zivilrechts in Bologna. Um 1300 gestorben. PLÖCHL Bd. II S. 450

[74]) a.a.O. S. 423

[75]) vgl. oben S. 5

[76]) vgl. oben S. 4

[77]) Diese Regula entspricht D. 50, 17, 155, § 2; vgl. oben S. 4

III Das deutsche Strafprozeßrecht bis zur Rezeption

Nachdem festgestellt worden ist, daß sich das i. d. p. r. als gültiger Strafprozeßgrundsatz zum ersten Male im mittelalterlich-italienischen Strafprozeßrecht nachweisen läßt, wäre in zeitlicher Folge jetzt zu prüfen, ob dieser Grundsatz mit der im 16. Jahrhundert durchgeführten deutschen Rezeption des mittelalterlich-italienischen Rechtes in das deutsche Strafprozeßrecht übernommen worden ist.

Jedoch bedarf es hier zuvor noch einer Rückblende auf die Entwicklung des deutschen Strafprozeßrechts bis zur Rezeption. Es könnte das i. d. p. r. oder jedenfalls ein ähnlicher Grundsatz ja auch bereits im germanischen oder frühmittelalterlichen deutschen Strafprozeßrecht entwickelt worden sein.

Sollte das nicht der Fall sein, so ist jedenfalls festzustellen, ob das deutsche Strafprozeßrecht des frühen 16. Jahrhunderts in seiner Ausprägung, aber vor allen Dingen in seinen Intentionen, den Rezeptoren wenigstens die Möglichkeit bot, den Grundsatz i. d. p. r., wie er ihnen aus dem italienischen Recht der Zeit bekannt war, in das deutsche Recht aufzunehmen.

1) Das germanische Recht

Die ältesten Quellen germanischen Strafprozeßrechts sind die unter den fränkischen Königen im 5. und 6. Jahrhundert n. Chr. aufgezeichneten Rechte der germanischen Volksstämme.

Unsere Untersuchung muß daher mit diesen Volksrechten beginnen, kann sie jedoch insoweit sofort wieder aussondern als feststeht, daß unser Grundsatz weder in seinem Wortlaut i. d. p. r. noch in einem ähnlichen Wortlaut in ihnen enthalten ist[1]).

Das schließt jedoch noch nicht aus, daß das i. d. p. r. unausgesprochen Bestandteil des germanischen Strafprozeßrechtes gewesen sein könnte; eine Frage, zu deren Beantwortung es eines Eingehens auf den zur fränkischen Zeit praktizierten, germanischen Strafprozeß bedarf.

Entsprechend der sich zu dieser Zeit erst in den Anfängen ihrer Entwicklung befindlichen Staatlichkeit in Deutschland wurde der germanische

---

[1]) Leges Visigothorum, vgl. Mon. Germ. Hist. Leg. I Bd. I Index III S. 493f. Lex Burgundionum a.a.O. Bd. II/1 Index S. 174f. Lex Ribuaria a.a.O. Bd. III/2 Register I–IV S. 183f. Leges Alamanorum a.a.O. Bd V/1 Index S. 160f. Leges Baiwariorum a.a.O. Bd. V/2 Index S. 474f. Lex Salica bei GEFFKEN Register S. 316f. Zu den Rechtssprichwörtern vgl. EISENHART/WALDMANN und GRAF/DIETHERR. Vgl. auch MOSER S. 16

Strafprozeß überwiegend nicht durch die staatlich-obrigkeitliche Gewalt, sondern durch die vom Missetäter geschädigte Privatperson betrieben[2]). Dieser Prozeß war daher ein Akkusationsprozeß; darüber hinaus war auch sein Streitgegenstand eher privatrechtlicher als strafrechtlicher Natur: Der Geschädigte verklagte den Missetäter auf Genugtuung in Form einer Vermögensbuße (Compositio)[3]).

Nun schließt an sich die derart privatrechtliche Struktur eines Strafverfahrens die Existenz des Grundsatzes i.d.p.r. darin noch nicht aus: Das i.d.p.r. kann hier im Beweisverfahren, in dem wie in jedem anderen Privatprozeß der Sachverhalt geklärt wird, vorgeschrieben sein und in Zweifelsfällen zur Anwendung kommen[4]). Voraussetzung ist jedoch, daß es in diesem Beweisverfahren zu Zweifeln überhaupt kommen kann. Diese Möglichkeit war im germanischen Strafprozeß schon deshalb sehr eingeschränkt, weil dessen Beweisverfahren, wie das des mittelalterlich-italienischen Strafprozesses, von Beweisregeln beherrscht war[5]). Hier wie dort galt die Schuld des Angeklagten bzw. Beklagten als bewiesen, wenn bestimmte Tatsachen vorlagen.

Und dies galt sowohl für das privatrechtlich strukturierte Compositionenverfahren wie für die germanischen Strafprozesse, die durch obrigkeitliche Gewalt betrieben wurden, denn letztere unterschieden sich im Beweisverfahren nicht von den Compositionenverfahren[6]).

Im Gegensatz zu den komplizierten Tatbeständen, an die das mittelalterlich-italienische Recht seine Beweisregeln knüpfte[7]), kannte das sehr viel weniger entwickelte germanische Prozeßrecht jedoch nur einige wenige und zudem klar übersichtliche Indizien.

So galt der Beweis der Wahrheit des Vortrages von Kläger oder Ankläger als erbracht, wenn er diesen beschwor[8]), wenn er Zeugen beibringen konnte oder wenn er schließlich das Gottesurteil[9]) oder den diesem verwandten

---

[2]) Wilda S. 196; Eb. Schmidt Einführung S. 23f.; v. Hippel S. 40, 103; Henke S. 69; Oehler S. 24; Brunner-v. Schwerin S. 761f.; Brunner S. 221f. und Gernhuber S. 5

[3]) Tacitus Germ. Kap. 21: *nec implacabiles durant (inimicitiae) luitur enim etiam homicidium certum pecorum armorumque numero recipitque, satisfactionem universa dominus.* (Vergehen bleiben aber nicht unsühnbar. Sogar Morde können durch den Empfang einer gewissen Anzahl von Vieh oder Waffen gesühnt werden.) Vgl. neben den in Anm. 2 Genannten His S. 53; Henke S. 10; v. Woringen S. 35f.

[4]) Die Ansicht Rogges vollkommene Beweislosigkeit sei der Charakter des altgermanischen Prozesses gewesen, darf als überholt gelten. (Rogge S. 93).

[5]) Brunner-v. Schwerin S. 501f.; Henke S. 208; Planck II S. 2f.; Mayer-Homberg S. 20f., 69f.; so auch Brunner S. 256; Henkel S. 12; Eb. Schmidt Einführung S. 37, 72 und HGO S. 50 sowie Kaufmann S. 37f. und Moser S. 17. Die letzteren bezeichnen dieses Beweissystem – offenbar fußend auf Mittermaier, Theorie des Beweises S. 46 – als formales Beweisrecht. Sofern diese Bezeichnung als Gegensatz zu einem Beweissystem, das auf freier Beweiswürdigung beruht, gemeint ist, ist ihnen zuzustimmen.

[6]) Vgl. Brunner-v. Schwerin S. 498f.; Eb. Schmidt Einführung S. 39; v. Hippel S. 120

[7]) Vgl. oben S. 9 A. 13

[8]) Und ihn evtl. durch Eideshelfer, deren Zahl jedoch schwankte, bekräftigen ließ. Vgl. Henke S. 80 A. d.

[9]) Vgl. hierzu Nottarp sowie die von Mittermaier a.a.O. S. 45 Anm. e überlieferte

Zweikampf überstand. Am Vorliegen dieser Tatsachen – und nur hieran wären theoretisch Zweifel möglich gewesen – kann und konnte aber niemand Zweifel hegen, sie sind zu eindeutig und einfach.

Demgemäß war also ein Zweifel, der die Voraussetzung für die Anwendbarkeit des i.d.p.r. bildet, im germanischen Strafprozeß nicht möglich; für unseren Grundsatz war darin kein Raum.

Zu untersuchen bleibt, ob das germanische Strafprozeßrecht überhaupt auch nur die Idee der Begünstigung des Angeklagten als die notwendige geistige Voraussetzung für die Entwicklung unseres Grundsatzes gekannt hat. Anhand von zwei prozessualen Regelungen des germanischen Strafprozeßrechtes läßt sich eine solche Idee vermuten und ist sie als existent vermutet worden.

Die erste dieser Regelungen betrifft jenes Verfahren vor den germanischen Gerichten, in dem über den Täter die Ächtung oder Friedloslegung verhängt wurde[10]). Nach Verkündung des Urteils wurde hier – wie uns unsere Quellen mehrfach berichten[11]), dem Verurteilten eine – unterschiedlich lange – Fluchtfrist gewährt.

Daß die Fluchtfrist des Friedlosgelegten eine Begünstigung darstelle, ist mehrfach angedeutet worden[12]).

Angesichts des noch primitiven, auf der Rache und dem Sühneopfergedanken fußenden Entwicklungsstandes des germanischen Strafprozeßrechtes erscheint es jedoch bedenklich, diesem derart humane Tendenzen zu unterstellen.

Erheblich viel wahrscheinlicher als die Annahme, die gewährte Fluchtfrist bedeute eine Begünstigung, ist die These ERLERS[13]), da sie dem Niveau des germanischen Strafprozeßrechtes besser entspricht.

Nach ERLER stellt die Friedloslegung als Verbot des *habitare inter homines*, des Lebens unter den Menschen, nicht etwa nur das Verstoßen eines sozialschädlichen Menschen aus der Gemeinschaft dar, sondern sie ist darüber hinaus auf der Vorstellung gegründet, daß der Täter damit als lebendiger Mensch in das Schattenreich der Toten gestoßen und so bestraft werden würde. Diese seelische Strafe, zum Ausdruck gebracht durch den Gang in den unbewohnten Wald, konnte nun nur der Verurteilte an sich selber vollziehen, indem er zum *Waldgänger* wurde[14]). Niemand konnte ihn zwingen, seine Seele aufzugeben, und wenn er es nicht wollte oder vermochte, wurde er getötet. Diese Tötung war allerdings immer nur eine Ersatzstrafe, denn der eigentliche Strafzweck wurde mit ihr ja nicht erreicht, der Geäch-

---

Verordnung KARLS DES GROSSEN, deren Schlußsatz lautet: *In ambiguis Dei judicio reservetur sententia.*

10) Mit Friedlosigkeit wurde zur Hauptsache die Mißachtung des Gerichtes durch Fernbleiben bestraft. Sie wurde jedoch in steigendem Maße auch gegen andere Verbrecher verhängt. Vgl. WILDA S. 278f.; BRUNNER S. 232f.; EB. SCHMIDT Einführung S. 29

11) Vgl. die reichen Angaben bei WILDA S. 284

12) Vgl. BRUNNER S. 243; WILDA S. 284. EB. SCHMIDT, Einführung S. 29, hegt daran allerdings bereits Zweifel.

13) In Paideuma I S. 303f.

14) Zu diesem Wort vgl. die bei WILDA S. 284 angegebenen Quellen.

tete lebte nun nicht mehr als lebendiger Mensch im Reiche der Toten. Für diesen Strafzweck war daher die Flucht des Verurteilten, der Gang in den Wald, »essentiell«[15]); der verurteilte Täter wurde zur Flucht genötigt[16]).

Solange sich die religiösen Vorstellungen erhielten, die die Voraussetzung für die derart seelische Bestrafung des Geächteten durch dessen Verstoßen in das Schattenreich bildeten, solange war die Fluchtfrist keine Begünstigung, sondern eher deren Gegenteil. Als sich das Empfinden für eine solche Bestrafung verflüchtigte, verschwand auch die Fluchtfrist, in späteren Quellen ist von ihr nicht mehr die Rede.

Die zweite rechtliche Regelung, die als Begünstigung im germanischen Strafprozeß[17]), ja als Ausdruck unseres Grundsatzes[18]) bezeichnet worden ist, war die Möglichkeit des Beklagten, sich durch Reinigungseid von den gegen ihn erhobenen Anschuldigungen freizuschwören.

Daß unser Grundsatz im germanischen Prozeßgang keinen Platz hatte, weil es dort keinen Zweifel geben konnte, ist oben bereits gesagt worden. Aber auch gegen die Annahme, der Reinigungseid sei Ausdruck einer Begünstigung des Angeklagten gewesen, bestehen starke Bedenken. Die mannigfaltigen Theorien, die von LOENING[19]), BEYERLE[20]), MAYER-HOMBERG[21]) und VON BRUNNER-V. SCHWERIN[22]) zur Beweiszuteilung im germanischen Strafprozeß entwickelt worden sind und denen allen gemeinsam ist, daß sie in dem Reinigungseid keine Begünstigung des Angeklagten sehen, können hier nicht erörtert werden. Es bedarf jedoch einer derartigen Erörterung auch nicht, denn dies ist gewiß: Der germanische Reinigungseid wäre völlig sinnlos, wenn seine Ablegung nichts als eine leere Formalität gewesen wäre, die unbekümmert um die Wahrheit zu erbringen, dem Germanen leicht gefallen wäre[23]).

In den wenigen uns überlieferten Quellen aus der germanischen Zeit, insbesondere aber in den Geschichten des Bischofs GREGOR VON TOURS, finden sich aber auch mehrfach Berichte, die direkte göttliche Strafakte gegen Meineidige schildern[24]). In diesen Berichten spiegeln sich jene Furcht-

---

15) ERLER a.a.O. S. 312; vgl. auch RADBRUCH-GWINNER S. 15
16) So auch WILDA S. 281
17) Vgl. z.B. v. KRIES S. 51; weitere Nachweise bei LOENING S. 9 Anm. 5
18) So JOLLY S. 12
19) Vgl. S. 12
20) Vgl. S. 368f.
21) Vgl. S. 13f.
22) Vgl. S. 498f.
23) Sollte die häufig gebrauchte Bezeichnung des Reinigungseides als formales Beweismittel diesen Inhalt haben, so unterschätzen die Autoren (vgl. oben S. 20 Anm. 5) die geistige Potenz ihrer Vorväter doch wohl in unzulässiger Weise.
24) (573–594/5 Bischof von Tours)
GREGOR in Historiarum VIII/16: *Alius vero, qui in furtis diversisque sceleribus conmixtus, periurare consueverat, cum aliquando a quibusdam pro furtu argueritur, ait: Ibo ad basilicam beati Martini, et sacramentis me excuens innocens reddar. Quo ingrediente, elapsa secure de manu eius ad usteum ruit, gravi cordis dolore perculsus. Confessusque est miser verbis propriis quae venerat excusare periuriis.* (Ein anderer, der sich schon häufig bei Diebstählen und anderen Verbrechen beteiligt und dann durch Meineid gereinigt hatte, sagte einst, als er

vorstellungen von göttlicher Rache bei Meineid wieder, die die Germanen bei Ablegung des Eides beseelt haben müssen; denn da solche Vorstellungen nicht eigentlich christlicher Natur sind, darf wohl angenommen werden, daß GREGOR uns hier germanisches Gedankengut, wenn auch im christlichen Gewand, überliefert hat. Für den mit seiner Götterwelt lebenden Germanen war der Reinigungseid daher Zwangsmittel zur Wahrheit[25]). Solange diese religiösen Bindungen hielten, war der Reinigungseid daher keine Begünstigung, sondern wiederum eher deren Gegenteil.

Abschließend zum germanischen Recht bleibt daher festzustellen, daß es dort keine grundsätzliche Begünstigung des Angeklagten, geschweige denn den Grundsatz i. d. p. r. gegeben hat.

2) Das mittelalterliche deutsche Recht

Nun beweisen allerdings schon die oben zitierten Geschichten GREGOR VON TOURS, daß die religiösen Furchtvorstellungen bereits im 6. Jahrhundert hier und dort ins Wanken gerieten. Völlig frei von religiös bedingten Skrupeln waren aber erst jene Verbrecher, die seit dem beginnenden Mittelalter zu einer sich immer mehr verstärkenden Landplage wurden. Kerntrupp[26]) dieses Berufsverbrechertums waren die Geächteten[27]). Hinzu kommt das Raubrittertum, das unter dem Vorwand des Fehderechtes marodierend und plündernd die kriminellen Arbeitslosen und Anarchisten[28]) jener Zeit stellte.

Zur Bekämpfung dieses Verbrechertums konnte das germanische Prozeßrecht nicht ausreichen. Angesichts der Tatsache, daß diese skrupellosen Verbrecher jeden Meineid schworen, bot es im Gegenteil für sie eine derart bequeme Möglichkeit, sich der verdienten Strafe zu entziehen, daß der Strafprozeß gegen sie zur Farce geworden wäre, wenn dieses Beweissystem beibehalten worden wäre.

Dieser Lächerlichkeit hat sich das frühe Mittelalter zuerst durch die An-

---

abermals von einigen Leuten des Diebstahls geziehen wurde: Ich will zur Kirche des heiligen Martinus gehen, durch einen Eid mich reinigen und euch meine Unschuld dartun. Als er aber eintrat, fiel ihm die Axt aus der Hand und er sank an der Tür nieder, da ihn heftige Halsschmerzen befielen. Da bekannte der Bösewicht selbst, wovon er sich hatte freischwören wollen.)
GREGOR schildert unter VIII/4 einen weiteren Fall eines Brandstifters, den Gott getötet habe, weil er die Tat abgeschworen habe. Vgl. weitere Quellen aus dem 9. Jahrhundert bei MAYER-HOMBERG S. 64 Anm. 311

[25]) Vgl. hierzu insbes. MAYER-HOMBERG a. a. O. und LOENING S. 298. GROLMANN bezeichnete ihn zutreffend als »tortura spiritualis« S. 550

[26]) RADBRUCH-GWINNER S. 85

[27]) Für den Nachwuchs dieses Verbrechertums sorgte die Gerichtsbarkeit mit ihren Ächtungen und Friedloslegungen.

[28]) GUSTAV FREYTAG, zitiert nach RADBRUCH-GWINNER S. 62; vgl. auch die Schilderungen bei RADBRUCH-GWINNER a. a. O.; EB. SCHMIDT HGO S. 9f. und v. HIPPEL S. 123f.

passung des germanischen Strafprozesses und dann durch die Entwicklung neuer Prozeßformen entzogen.

In der ersten Zeitspanne der Anpassung des germanischen Strafprozeßsystems wurden in erster Linie die Überführungsmöglichkeiten verbessert, und zwar durch die Ausweitung, ja schließlich sogar analoge Anwendung des Handhaftverfahrens[29]). Für die angestrebte Verbesserung der Schlagkraft der Strafjustiz gegenüber dem Berufsverbrechertum bot dieses Verfahren zwei Vorteile:

Zum einen war dem Angeklagten der Reinigungseid verlegt, wenn der Kläger beweisen konnte, daß der Beklagte von ihm auf frischer Tat ergriffen worden sei.

Zum anderen war schon nach altem germanischen Recht in diesem Verfahren die Todesstrafe möglich[30]).

Die Erweiterung dieses Handhaftverfahrens fand in dreierlei verschiedener Richtung statt.

Zum ersten wurde von dem Erfordernis der sofortigen Ergreifung und Vorführung des Täters vor Gericht abgesehen. So bestimmt das aus dem 13. Jahrhundert stammende, im sächsischen Rechtskreis bedeutsame Freiberger Stadtrecht, daß im Handhaftverfahren noch abgeurteilt werden könne, wer *uber ein halp iar oder uber ein gantz iar oder noch lenger* verborgen gewesen sei[31]).

Zum anderen brauchte der Beklagte nicht mehr mit dem corpus delicti in der Hand *(handhaft)* dem Richter vorgeführt zu werden[32]).

Drittens und letztens wurde dem Ankläger der Beweis der Handhaftigkeit Schritt für Schritt soweit erleichtert, daß es schließlich genügte, wenn er, wie das aus dem 14. Jahrhundert stammende Rechtsbuch des Rupert von Freising sagt: *mit sibnn mannen* bezeugt *das er ein schedlich man gewesen ist*[33]).

Das Urteil wurde also, ohne daß der Beklagte irgendeine Möglichkeit der prozessualen Gegenwehr hatte, auf Aussagen von Zeugen gestützt, die nicht einmal die Tat, sondern den Charakter des Angeklagten zum Gegenstand hatten.

Daß bei einem derartigen Beweisverfahren unser Grundsatz keine Anwendung gefunden haben kann, bedarf keines weiteren Beweises. Hingewiesen sei nur noch darauf, daß ja auch in diesem Verfahren keine freie Beweiswürdigung zugelassen war, sondern daß auch hier Beweisregeln galten: So war in dem sogenannten Übersiebnungsverfahren zum Beispiel

---

[29]) Vgl. Eb. Schmidt Einführung S. 76f.; ders. in ZStW 62, 254; Loening S. 70; Gernhuber S. 153f.; v. Bar S. 97

[30]) Vgl. Brunner-v. Schwerin S. 626f.; Eb. Schmidt Einführung S. 76

[31]) S. 210; vgl. ferner das Privileg des Erzbischof Wichmann für Magdeburg, das das Handhaftverfahren für anwendbar erklärt: *tam quam si iniuria recens existeret* (so auch wenn ein zurückliegendes Delikt vorliegt). Zitiert nach v. Kries S. 161. Für den süddeutschen Rechtskreis vgl. die Augsburger Statuten bei v. Kries S. 216

[32]) Am »fortschrittlichsten« war auch hier wieder das Freiberger Rechtsbuch. Dem Ergriffenen könne *unschuldig habe* aufgebunden werden, nur müsse das so geschehen, *daz is der richter noch kein gesworn man gewar werd* (S. 210).

[33]) S. 25 § 26

die Aussage der sieben Zeugen über den schlechten Charakter des Angeklagten Voraussetzung für dessen Verurteilung.

Die Starrheit dieser Beweisregeln wurde zwar in ihrer Wirkung bereits in dem Richten nach Gnade abgemildert, jedoch wurde damit weder schon die freie Beweiswürdigung eingeführt noch auch nur eine Begünstigung des Angeklagten institutionalisiert, denn die Gnadenerweise wurden hier völlig willkürlich, ja häufig rein zufällig erbracht[34]).

Eine erste Lösung von dem System der Beweisregeln und damit das erste Anzeichen für die oben angedeutete Entwicklung einer neuartigen Verfahrensform findet sich in den Bestimmungen der Landfrieden.

In der Constitutio contra incendiarios FRIEDRICHS I. vom 29. Dezember 1186 heißt es:

Item si incendiarius captus fuerit et coram iudicae negare voluerit incendium se commisisse, nisi forte notorium per provinciam fuerit, iudex si possit eum cum VII idoneis testibus convincere, capite decatur. Sed si notorium est, nullius requirendum est testimonium sed statim decollandus[35]).

In der sogenannten Treuga Heinrici von 1224 finden wir eine Bestimmung ähnlichen Inhaltes: *Hii autem, qui in infamia, que loimunt dicitur, laborant ad expurgationem non nisi in publico iudicio admittentur, quorum tamen expurgationem iudex secundum suum arbitrium potest aggravare*[36]). Beide Bestimmungen sind zwar noch nicht Zeugnisse für eine völlig freie Beweiswürdigung des Richters, jedoch steht nach der Vorschrift aus dem Landfrieden FRIEDRICHS I. dem Richter immerhin schon die freie Beurteilung der Notorietät und damit insoweit freie Beweiswürdigung zu, während er nach der Bestimmung der Treuga Heinrici jedenfalls bei (schlechtem) Leumund den Entlastungsbeweis nach Belieben erschweren, also bestimmen darf.

Beide Bestimmungen sind daher Zeugnisse für eine beginnende Abkehr von dem germanischen System der Beweisregeln. Dem kann nicht entgegengehalten werden, die Landfrieden hätten nur begrenzte Bedeutung für die Prozesse gegen das Raubrittertum gehabt, zu dessen Bekämpfung sie geschaffen worden waren, denn über diesen, ihren ursprünglichen Zweck hinaus hat das in den Landfrieden angestrebte, neuartige Verfahren genausosehr allgemeine Anwendung erfahren wie das ursprünglich germanische Handhaftverfahren[37]). Zugleich mit der Abkehr von dem germanischen

---

[34]) Vgl. v. HIPPEL S. 141; EB. SCHMIDT HGO S. 46f.; v. BAR S. 108f.

[35]) Wenn ein Brandstifter gefangen worden ist, und er will bestreiten, daß er den Brand gelegt habe, so kann ihn der Richter, wenn er ihn übersiebnen kann, mit dem Tode bestrafen, es sei denn, der Angeklagte war in der Umgebung bekannt (als landschädlicher Mann). Wenn das aber der Fall ist, bedarf es keines Zeugnisses mehr, sondern er wird sofort verurteilt. ZEUMER Nr. 20 sub 13

[36]) Diejenigen aber, die im Verdacht eines von ihnen begangegenen Verbrechens stehen, der Leumund genannt wird, werden zum Unschuldbeweis im ordentlichen Verfahren nicht zugelassen. Ihnen kann der Richter den Unschuldsbeweis nach seinem Ermessen erschweren.

[37]) Insbes. auf den *armen man* oder das *gemeyne volk*, das Bauerntum also, das mit wenigen Ausnahmen in der Wertschätzung der derzeit herrschenden Klassen mit dem Verbrechertum ohnehin auf einer Stufe stand. Vgl. EB. SCHMIDT HGO S. 34

Beweisverfahren wurde durch die Landfrieden eine Entwicklung forciert, die in Anbetracht des zunehmenden Verbrechertums ebenso notwendig wie im Zeichen der wachsenden staatlichen Gewalt[38]) erwünscht war. Die Landfrieden betonen mehrfach[39]), daß die Strafverfolgung von der Obrigkeit betrieben werden müsse.

Während jedoch diese Entwicklung Schritt für Schritt vorstieß und die staatliche Strafverfolgung alsbald zum bestimmenden Merkmal dieses neuartigen Strafverfahrens, des deutschen Inquisitionsprozesses, wurde[40]), verfestigte sich die mit der Abkehr vom germanischen Beweissystem begonnene Entwicklung zur freien Beweiswürdigung schon bald wieder zu einer neuen Beweisregel.

So heißt es schon in der Rechtsweisung des Oberhofes Wimpfen an die Stadt Mergentheim vom 4. April 1462:

Sunder für zu merken: Weres das ein gefangen im thron (Turm) *siner missetat vor zwein richtern, die man zu im sandte, gichtig* (geständig) *were ... so urteilten aber die andern richter, wann die selben zwen richter vor gericht offentlichen gesagen mochten uff ir eide, so sie dem rat und gericht gesworn hetten, das er solicher missetat vorin gichtig wer gewesen das des dann auch genug wer und für im beschehen sollt was recht wer*[41]). In der Tiroler Halsgerichtsordnung, dem letzten Zeugnis des in Deutschland entwickelten Inquisitionsprozesses, heißt es über die Sachverhaltsaufklärung:

Wo ainer oder aine an die frag und marter erkant wirdet. sol der Richter drey aus dem Rat oder von den Gsworn zu jm nemen, die selben person also in jrer und des Gerichtsschreibers gegenwürtigkeit fragen wie dann das vorerkant und beschlossen ist und was der ubeltätig mensch also bekennt unnd bestät. sol Gerichtsschreiber die urgicht (Geständnis) *lauter aufschreiben. und Richter die mitsambt denen so er also zu jm nymbt nochmals überlegen, und so man dann darüber urteilen will. die den andern Räten oder Gesworn auch verlesen und wann die drey so dabey gewesen sein gezeugknus geben und die urgicht also zu sein ainhelligklich bey jren Ayden vor Richtere unnd anndern Geschworn bekennen. Alsdann ist desselben bekennen genug*[42]).

Aus beiden Quellen[43]) läßt sich erkennen, daß beim Vorliegen des neuen Beweismittels, des Geständnisses, ohne weiteres verurteilt wurde, ja daß sogar verurteilt werden mußte, wenn ein Geständnis vorlag. Damit aber galt die Beweisregel, daß das Geständnis des Angeklagten dessen Schuld beweise.

Zweifel am Sachverhalt konnten dem Richter beim Vorliegen eines Geständnisses also nicht mehr kommen, Zweifel am Vorliegen des Geständnisses als Anknüpfungspunkt für die Beweisregeln konnten ebenfalls nicht entstehen, denn dazu war die Frage, ob ein Geständnis vorliege oder nicht,

---

38) Vgl. hierzu insbes. GERNHUBER S. 155
39) Vgl. z.B. die constitutio contra incendiarios in der Einleitung und § 1
40) Ausführlich geschildert von EB. SCHMIDT in Inquisitionsprozeß und Rezeption und in ZStW 62, 232f.
41) Oberrh. Stadtrechte Bd. I S. 155
42) S. 99 sub VII
43) Sie stehen hier nur als Beispiele und ließen sich beliebig vermehren.

zu eindeutig. Jedenfalls nach heutiger Auffassung hätten dem mittelalterlichen Richter zwar Zweifel an dem Wert des Geständnisses wenigstens dort kommen müssen, wo dieses Geständnis erfoltert wurde[44]).

Es fehlte dieser Zeit jedoch noch an der Fähigkeit, sich in wissenschaftlicher Denkweise das Grundsätzliche des Strafprozesses zum Bewußtsein zu bringen[45]). So vermochte man weder zu erkennen, daß nur der souveräne, in der Beweiswürdigung freie Richter des Verbrechertums in gerechter Weise hätte Herr werden können, noch konnte die Einsicht durchdringen, daß das erfolterte Geständnis nicht die geringste Gewähr für die Wahrheit des derart ermittelten Sachverhaltes bot. Auch Zweifel an der Brauchbarkeit eines erfolterten Geständnisses sind daher im Mittelalter in Deutschland nicht entstanden, damit aber ist die Existenz unseres Grundsatzes im mittelalterlich-deutschen Strafprozeßrecht ausgeschlossen.

Dieses aus dem formalen Prozeßrecht gefolgerte Ergebnis wird bestätigt durch die Methoden der Strafverfolgung des Hochmittelalters. Sie waren bestimmt durch das Ziel der Strafverfolgung, und dieses wiederum war allein die rücksichtslose und rasche Ausmerzung jedes wirklich oder nur vermeintlich sozialschädlichen Mitgliedes der Gesellschaft[46]).

In der Verfolgung dieses Zieles wurde dem Straf- und Strafprozeßrecht eine unglaubliche Rohheit zu eigen, wie sie sich in den ungeheuer harten Strafen, der ans Bestialische grenzenden Art des Strafvollzuges[47]) und der Sachverhaltsaufklärung durch die Folterung jedes Verdächtigen ausdrückte. So motiviert noch der an sich schon von anderem Geist beseelte Tenglersche Layenspiegel von 1509 die Folter mit folgenden Worten: *uff das man die wahrheit von dir grüntlich verstehen unn du mich nicht länger uffhaltest*[48]). Irgendwelche Begünstigungen des Angeklagten gleich welcher Art waren bei diesen Methoden der Strafverfolgung nicht zu erwarten und sind nicht gewährt worden. Im Gegenteil, die Klagen über die ungerechte Justiz drangen im Laufe des 16. Jahrhunderts so häufig in das Schrifttum ein, daß uns eine Fülle von derartigen, zweifellos berechtigten Beschwerden überliefert ist.

Hier seien als Beispiel nur jene Worte wiedergegeben, mit denen die Constitutio Criminalis Carolina, die Peinliche Halsgerichtsordnung Karls V., die ihr unerträglich erscheinenden Zustände in der damaligen Strafjustiz geißelte. Schon in der Vorrede heißt es: *unnd daß . . . an viel orten offter mals wider recht und gute vernunfft gehandelt und entweder die unschuldigen gepeinigt und getötet . . . werden.* Im Artikel 150 heißt es dann, die Richter sollten ja nicht *eigene unvernünfftige Regel oder Gewohnheit . . . sprechen machen, die den Rechten widerwärtig seynd als je zu Zeiten an den peinlichen Gerichten bißhero geschehen.*

---

[44]) Insoweit ist die Situation des deutschen Richters nicht mit der seines mittelalterlich-italienischen Kollegen vergleichbar, denn in Italien wurde ja nur und erst gefoltert, wenn sehr starke Verdachtsmomente, die *indicia dubitata*, nachweisbar vorlagen. Im deutschen Inquisitionsverfahren wurde dagegen jeder Verdächtige gefoltert.

[45]) Vgl. Eb. Schmidt Einführung S. 66, 70, 82; ders. HGO S. 44; v. Hippel S. 157

[46]) Vgl. Sax S. 967; Stintzing I S. 610; v. Bar S. 101 f.

[47]) Eb. Schmidt Einführung S. 90, vgl. auch Inquisitionsprozeß und Rezeption S. 74f.

[48]) S. CVI

IV Die Rezeption

Die bereits im 15. Jahrhundert einsetzende, im Beginn des 16. aber erst zu ihrem Höhepunkt gelangende Rezeption des mittelalterlich-italienisch-kanonischen Strafprozeßrechts wendete sich in erster Linie gegen diese barbarischen Methoden der Strafverfolgung[1]).

Dieses Motiv der Rezeption drückt am besten die Carolina aus, wo es im 140. Artikel in einer allgemeinen Anweisung an den Strafrichter heißt, er solle *die Straff nach Gelegenheit oder Erkanntnuß der Ubelthat auß Lieb der Gerechtigkeit und umb gemines Nutz willen ordnen und machen.*

Es sollte also das in der Vorzeit zerstörte Gleichgewicht zwischen der Gerechtigkeit und dem sozialen Nutzen wiederhergestellt werden. Bei einer derartigen Zielsetzung ist zu vermuten, daß die von der Rezeption beeinflußten deutschen Strafprozeßgesetze dem Gedanken der grundsätzlichen Begünstigung des Angeklagten näher kamen, zumal das italienische Recht dafür ja ein gutes Beispiel bot.

Ob und inwieweit das geschehen, insbesondere aber ob der Grundsatz i.d.p.r. jedenfalls in seiner im italienischen Recht festgestellten Gültigkeit mitrezipiert worden ist, soll im folgenden untersucht werden.

1) Der Klagspiegel

Das erste Zeugnis der Rezeption ist der Klagspiegel[2]). Der Klagspiegler, Stadtschreiber zu Schwäbisch Hall, also kein Jurist, hat in dem zweiten Teil des Spiegels, der sich auf das Straf- und Strafprozeßrecht bezieht, so gut er es verstand, die Werke einiger italienischer Juristen exzerpiert[3]). Unter ihnen hauptsächlich den oben besprochenen »Tractatus Maleficiis« des Gandinus und die »Summa« des Azo[4]).

So finden sich im Klagspiegel jene uns schon aus der Erörterung des italienischen Rechtes bekannten Sentenzen wieder. In den sechs *bewerten regeln, die von beiden rechten geben und gesatzt seind* findet sich in der ersten Regel die Anweisung, *das mit großem fleyß sol die verhörung geschehen wo man von des men-*

---

1) Zum Rezeptionsvorgang im einzelnen vgl. Brunnenmeister, Schoetensack und Zoepfl.

2) Verfaßt gegen 1425, in den 70er Jahren gedruckt. Von Sebastian Brandt 1516 neu herausgegeben.

3) Einzelnachweise bei Brunnenmeister S. 146, S. 151 A. 1

4) Lehrer des oben erwähnten Accursius, vgl. v. Savigny, Bd. V S. 270

schen heil oder unheil oder schaden verhört und erkennt[5]). Sie entspricht dem oben zitierten Satz des GANDINUS *in criminibus strictius proceditur cum circa hominis salutam agatur*[6]) und gibt zugleich die in der Rezeption gewandelte Einstellung zu dem Angeklagten wieder.

Als vierte dieser *bewerten* Regeln führt der Klagspiegler jenen Satz an, der oben schon bei der Erörterung des italienischen Rechtes von überragender Bedeutung war. Es heißt hier, *das der der verdampt sol werden, sol und muß vor mitt den aller gewisten zeügknüssen und clarer dann das liecht überwunden sein. Wann es ist heiliger, das der schuldig absolviert werde, dann das der unschuldig verdamnet werd.*

Im Gegensatz zu der ursprünglichen TRAJANsentenz, die keine positive Voraussetzung nannte, unter der es besser sei, den Schuldigen freizusprechen als den Unschuldigen zu verurteilen, finden wir hier, wie in dem entsprechenden Satz des GANDINUS, eine derartige Voraussetzung. Während jedoch die von GANDINUS bezeichnete Voraussetzung eindeutig eine zweifelhafte Erkenntnissituation darstellt[7]), ist das für den Klagspiegel zunächst fraglich.

Da die Formulierung, der Angeklagte müsse *clarer dann das liecht überwunden sein* weniger juristischen als vielmehr ornamentalen Charakter besitzt[8]), bleibt als jene Voraussetzung, unter der der Klagspiegler lieber den Schuldigen laufen lassen als den Unschuldigen verurteilt sehen will, das *allergewiste zeügknüs.*

Mit dieser offensichtlichen Übersetzung des Begriffes *indicium indubitatum* bezeichnet der Klagspiegler wie die Italiener jene Tatsachen, auf deren Vorliegen hin ohne weiteres zur peinlichen Strafe verurteilt werden kann. Es sind dies nach dem Klagspiegel das Geständnis des Angeklagten, das Zeugnis zweier einwandfreier Tatzeugen und die handhafte Tat[9]).

Nur wenn dieses *allergewiste zeügknüs* nicht vorliegt, d.h. wenn diese Tatsachen nicht gegeben sind, will der Klagspiegler den Schuldigen also lieber freisprechen als den Unschuldigen zu verurteilen. Nicht aber soll diese Folge schon eintreten, wenn das Vorliegen dieser Beweistatsachen lediglich zweifelhaft ist, wie es die Italiener bestimmt hatten.

Diese Abweichung des Klagspiegels von dem italienischen Strafprozeßrecht ist vor allen Dingen deshalb auffallend, weil der strafprozessuale Teil des Klagspiegels fast ausschließlich von den Werken der Italiener abgeschrieben worden ist und an sich kaum eigene Gedanken entwickelt[10]).

---

5) S. 120

6) Vgl. oben S. 10

7) *in talibus dubiis et incertis probationibus*, vgl. oben S. 10

8) Derartiges finder sich allerdings auch mehrfach bei ARETINUS und GANDINUS.

9) *Die ander regel gebeüt das der richter in urteyln der verclagung fore nit geben sol das streng urteyl zu dem todt über keinen, er sey dann vor uß seinem eygen bekennen oder gewisser zeügknüß der zeügen überwunden oder aber in der verclagten sünde also begriffen das ers nit laucken möge.* S. 120b. Die Anforderungen an die Zeugen finden sich in der 6. Regel (a.a.O.). Die von BRUNNENMEISTER (S. 165) weiter aufgezählten, zur Verurteilung ausreichenden Tatsachen waren aus der mir vorliegenden Ausgabe nicht ersichtlich.

10) Vgl. oben S. 28

Die Frage, warum der Klagspiegler ausgerechnet an diesem für unsere Untersuchung so entscheidenden Punkt von den Italienern abgewichen ist, wird sich wohl kaum eindeutig beantworten lassen. Wahrscheinlich ist, daß es auch ihm noch an der wissenschaftlichen Denkweise gefehlt hat, die es ihm allein ermöglicht hätte, die grundlegende Bedeutung des Zweifels im Strafprozeßrecht zu erkennen. Denkbar ist auch, daß er den Urteilsfindern seiner Zeit, den Laienrichtern und Schöffen, die Erkenntnis des Zweifels nicht glaubte zumuten zu können. Durch Quellen belegen lassen sich jedoch beide Vermutungen nicht. Feststellen läßt sich nur, daß der Klagspiegler für die *allergewisten zeügknüsse* nicht nur das Prinzip der Beweisregeln beibehalten und damit jeden Zweifel an der Strafbarkeit ausgeschlossen hat, sondern daß er darüber hinaus auch den Zweifel an dem Vorliegen des *allergewisten zeügknüsses* nicht gelten lassen wollte.

Getreu seinen Vorbildern hat der Klagspiegler allerdings das System der Beweisregeln bei jenen *indicia oder wortzeichen*[11]), die die Voraussetzung für die Folter bilden, aufgelockert. Zwar bestimmt er einige dieser Indizien, sagt aber dazu abschließend: *Oder wo ein ander warzeychen were, das ein yeder cluger wol versteen möchte nach d'geschicht oder that . . . mag der richter procedieren.*

In freier Beweiswürdigung konnte der Richter also bestimmen, ob solche *indicia* vorlägen, die ihn zur Veranlassung der Folter berechtigten. Indes, wie er im Zweifel zu entscheiden habe, wird nirgends gesagt[12]).

Findet also unser Grundsatz auch in dem ersten von italienisch-canonischem Recht beeinflußten deutschen Strafprozeßwerk zwar keine Anwendung, so ist doch unzweifelhaft, daß hier erhebliche Verbesserungen der Strafprozeßordnung in Richtung auf eine gerechtere Prozeßführung durchgeführt worden sind. So durfte ein Verdächtiger nach dem Klagspiegel nur gefoltert werden, wenn ein Indiz vorlag, das bewiesen war[13]). Ferner konnte das auf der Folter erlangte Geständnis als *allergewist zeügknüs* nur verwertet werden, wenn es nach der Folter freiwillig wiederholt wurde[14]). Leugnete der auf der Folter Geständige aber später wieder, so durfte die Folter nicht wiederholt werden, es sei denn, es hätten sich in der Zwischenzeit bewiesene neue Indizien gefunden[15]).

Die Folter hatte derart einiges von ihrem Schrecken für den Angeklagten verloren, und es ehrt den Klagspiegler, daß er ihr selber ebenfalls kritisch gegenüberstand: *Der erfarung in der pein ist nit allweg zu glauben doch sprich ich nit das man nymer glauben sol wann es ist ein felendt sorgfeltig ding unnd betreugt die warheit*[16]).

Derartige Zweifel finden sich in den nunmehr zu untersuchenden Rezeptionsgesetzen allerdings schon kaum mehr.

---

11) Mehrfach unter dem Titel *De quaestionibus* (S. 144f.) erwähnt.

12) Davon findet sich ja allerdings auch bei den Italienern nichts. Vgl. oben S. 11

13) S. 144 *was darwider geschicht ist krafftlos und vernichten* (S. 145).

14) S. 144 *Sie bleyben dan in dem bekennen.*

15) S. 145 Zur Herkunft dieser Bestimmung aus dem italienischen Recht vgl. BRUNNENMEISTER S. 166f.

16) Ähnlich auch der Tenglersche Layenspiegel Fol. CVIII

2) Die Wormser Reformation

Die sogenannte Wormser Reformation, im Jahre 1498 erlassen und im Gegensatz zum Klagspiegel wahrscheinlich von Juristen verfaßt[17]), erlangte alsbald weitaus größere Bedeutung als der Klagspiegel[18]).

Nichtsdestotrotz kann sie ebensowenig wie jener als das Produkt eigener Gedankenarbeit ihrer Verfasser gelten. In ihr finden sich vielmehr neben Exzerpten aus dem Klagspiegel lange Passagen, die lediglich eine Übersetzung entsprechender Abschnitte aus den Werken der Italiener darstellen[19]). Hierbei wurden als Vorbilder die Tractate der ARETINUS und GANDINUS wiederum bevorzugt.

So unterscheidet auch die Wormser Reformation wie die beiden Italiener zwischen *anzeigen, aus denen ernstlich frag mög geschehen*[20]), und *unzweifelhafftigen vermutungen und anzeigen, darauff geurtheylt mag werden*[21]). Und ebenso wie der Begriff der *unzweifelhafftigen vermutung* eine offensichtliche Übersetzung des Begriffes *indicium indubitatum* des GANDINUS darstellt, finden sich unter diesem Titel an einzelnen derartigen Indizien auch nur solche – in wortgetreuer Übersetzung –, die wir bereits als *indicia indubitata* des GANDINUS kennengelernt haben[22]).

Trotz aller dieser Übereinstimmung zwischen der Wormser Reformation und dem italienischen Strafprozeßrecht ist jedoch auch hier festzustellen, daß die Rezeptoren bei ihrer Arbeit wiederum jene Passagen des GANDINUS völlig außer acht gelassen haben, in denen dieser in unmittelbarem Zusammenhang mit den *indicia indubitata* den Zweifel an deren Vorliegen erörtert. Beweisbare Gründe für diese Auslassung werden sich auch hier kaum finden lassen. Neben den oben beim Klagspiegel geäußerten Vermutungen kann hier noch die zutreffen, daß die Wormser Doctores, die ohnehin wenig korrekt gearbeitet haben[23]), jene GANDINUSpassagen einfach übersehen haben. So bleibt hier nur die aus den dargelegten Tatsachen zu ziehende Folgerung festzuhalten, daß auch die Wormser Reformation für die *unzweifelhafftigen vermutungen* nicht nur die Beweisregeln beibehielt, sondern auch sie darüber hinaus von jenen Zweifeln nichts wissen wollte, die die Italiener am Vorliegen der *indicia indubitata* immerhin für möglich gehalten und geregelt hatten.

Hielten sich die Redaktoren der Wormser Reformation bei der Erörterung der *indicia indubitata* zwar nicht an ihre Quellen, so waren sie ihnen doch bei der Aufzeichnung der *ursachen oder anzeigen aus denen ernstlich frag mög geschehen* äußerst getreu. Vor einer Aufzählung jener *indicia dubitata*, die wir von

---

17) Den Doctores des Reichskammergerichts nämlich, das 1497 nach Worms verlegt worden war.

18) KUNKEL spricht von der Reformation als dem Lehrbuch des gemeinen Rechts (Einl. S. XIX).

19) Nachgewiesen von BRUNNENMEISTER S. 102f.

20) S. CLVII

21) S. CLXII

22) GANDINUS S. 94f., vgl. oben S. 9 A. 13

23) Nachweise bei BRUNNENMEISTER S. 109f.

ARETINUS kennen[24]), heißt es: *Was aber oder wie solch ursachen und anzeig sein, da ist kein gewißheit oder Regel von zusetzen: sonder es steht zu bescheydenheyt eyns jeden Richters*[25]). Wie im Klagspiegel, war also auch hier das feste Beweisregelsystem bei den *indicia dubitata* durchbrochen, der Richter konnte in freier Beweiswürdigung feststellen, ob ein solches Indiz vorlag oder nicht. Jedoch findet sich auch hier kein Hinweis darauf, wie der Richter im Zweifel zu entscheiden habe, und damit kein Anhaltspunkt für die Geltung unseres Grundsatzes an dieser Stelle der Wormser Reformation. Da sich weder in den restlichen Bestimmungen des Klagspiegels noch denen der Wormser Reformation weitere Anhaltspunkte für die Geltung des i. d. p. r. aufspüren lassen[26]), gehen wir nunmehr über zu einem weiteren und für die weitere Rechtsentwicklung erheblich bedeutenderen Rezeptionsgesetz, der

3) Bamberger Halsgerichtsordnung von 1507

Dieses Werk des wohl unbestritten besten deutschen Juristen des ausgehenden Mittelalters, FREIHERRN JOHANN VON SCHWARZENBERG[27]), stellt eine ausgewogene und völlig durchdachte Synthese zwischen altem deutschen Recht[28]) und dem SCHWARZENBERG ebensogut bekannten mittelalterlich-italienischen Strafprozeßrecht dar[29]). Zweifellos von den Italienern hat SCHWARZENBERG dabei die uns schon bekannte TRAJANsentenz entnommen, die wir im Artikel 13 der Bambergensis finden. Nachdem bestimmt worden ist, daß ein landschädlicher Mann[30]) auch ohne vorheriges, förmliches Verfahren der Folter unterworfen werden dürfe, damit die Ergreifung seiner Komplicen schneller ermöglicht werde, fährt SCHWARZENBERG fort: *yedoch so sollen dannochst die unnsern in solichen fellen auch fleissig achtung haben damit sie nymannt on redlich vorgeende anzeigung der missetat mit peinlicher frag beswern und unrecht thun. Sunder das sie, wan es nachmals zu schulden köme, vor unsern Reten so vil mögen anzeigen und furbringen, damit unser Rete erkennen mögen, das die peynlich frage auf redlichem arckwon und verdacht auch desshalben auss guten ursachen gescheen sey; wann zu solichen grossen sachen, des menschen gesuntheit, leben und blut betreffende, Sunder grosser vleiss gehoret und ist besser den schuldigen ledig zu lassen dann den unschuldigen*

---

[24]) ARETINUS Fol. 145 unter 13f.

[25]) Vgl. die gleichlautenden Texte bei ARETINUS und GANDINUS, oben S. 9 A. 14

[26]) MOSER (S. 24) zitiert aus dem Klagespiegel den Satz: *Ist aber dasselb statut durch gewonheit in ein gewissen weg oder form nit verstanden, so soll es interpretieret werden in den gültigeren und senfftmutigen weg und teyl.* Wie der Zusammenhang beweist, wollte der Klagspiegler diesen Satz jedoch auf das Zivilrecht angewendet wissen. Es heißt weiter: *Doch also das wider denen nichts geschehe von des nutz wegen sollichs statuiert unnd gesetzt ist. Ist aber das nitt erscheynt welcher teyl d'senfftmütigere sei* (wie sollte das im Strafprozeß wohl möglich sein?) *so sol es bleyben bey der strengigkeit der wort deselben statuts.* In demselben Kapitel heißt es zudem zu der Interpretation von Strafgesetzen: *so mags wol interpretiert und ußgelegt werde als du wol in dem casus versteen magst.*

[27]) 1463–1528

[28]) Vgl. insbes. ZOEPFL.

[29]) Vgl. hierzu insbes. BRUNNENMEISTER und SCHOETENSACK.

[30]) Zu dessen Bestimmung vgl. Art. 23 der Bambergensis.

zum tode zu verdampnen. So sol auch der bekentnus, so auss marter geschicht, nit glaubt noch yemant darauf zu peinlicher straff verurteilt werden So nit vor der peinlichen frag redlich anzeigung der missetat erfunden sein[31]).

Es wird also betont, daß auch der landschädliche Mann nur gefoltert werden dürfe, wenn dazu berechtigende Indizien vorlägen. Die Strafverfolgungsorgane, die die Folter vorgenommen haben, müßten derartige Indizien jederzeit den Richtern vorlegen können, damit diese in der Lage seien zu überprüfen, ob die Folter wirklich nur auf Grund von Indizien vorgenommen worden sei, die dazu berechtigen.

Nach der Zitierung der TRAJANsentenz erklärt SCHWARZENBERG dann nochmals ausdrücklich, daß ein erfoltertes Geständnis nur Geltung habe, sofern die Folter auf Grund von dazu berechtigenden Indizien angewendet worden ist[32]).

Die Stellung des Satzes, es sei besser den Schuldigen laufen zu lassen als den Unschuldigen zu verurteilen, in diesem Zusammenhang erinnert an die Stellung desselben Satzes im Zusammenhang des TRAJANfragments. Dort wie hier wird keine positive Voraussetzung geboten, an die der Satz anknüpfen kann, wird nicht gesagt, wann es denn und schon gar nicht, daß es im Zweifel besser sei, den Schuldigen laufen zu lassen als den Unschuldigen zu bestrafen. Dort wie hier hat der Satz daher nur die Bedeutung einer Bekräftigung des vorher ausgesprochenen Verbotes. Wurde von TRAJAN die Verurteilung auf Grund von bloßem Verdacht verboten, so ist es hier die Anwendung der Folter auf einen landschädlichen Verdächtigen, gegen den keine dazu berechtigenden Indizien vorlagen. Eine derartige Praxis[33]) bezeichnet SCHWARZENBERG als *unrecht thun*, sie wollte er ausmerzen, selbst auf die Gefahr hin, daß dabei *der schuldig ledig* bliebe.

Hätte SCHWARZENBERG gegen die hier vertretene Ansicht mit dem oben zitierten Artikel 13 ausdrücken wollen, daß im Zweifel das Vorliegen einer *redlichen anzeygung* beim landschädlichen Mann zu verneinen sei, so hätte er, dessen Gewissenhaftigkeit bekannt ist[34]), diesen Rechtssatz jedenfalls auch dort angewendet wissen wollen, wo er diejenigen Indizien bestimmte, die zur Folter des nicht landschädlichen Verdächtigen notwendig waren.

Das ist jedoch nicht der Fall. In Artikel 11 heißt es: *Item so die gemelten urteiler in bestimbter erkantnus zweyfelich würden, ob des fürbrachten arckwons und verdachts zu peinlicher frag genugsam were oder nit, so sollen die desshalben Rate bey unsern Reten suchen und doch unser Rete in solichem Ratsuchen alle umbstend und gelegenheit ires argkwons eigentlich in schrifften berichten*[35]).

Hierzu ist vorab zu bemerken, daß SCHWARZENBERG im Gegensatz zu den

---

[31]) S. 9

[32]) Wiederholt in Art. 28

[33]) die vor der Rezeption ja die Regel darstellte, vgl. oben S. 27

[34]) Vgl. den bekannten Ausspruch LUTHERS: *Man müsste aus allen Landen fördern die recht gründlich gelehrten Leute in der Schrift, darunter etliche von weltlichem Stande, die auch verständig und treuherzig wären; als wenn der Herr Hanns von Schwarzenberg noch lebete, dem wüsste man zu vertrauen.* (Zitiert nach v. HIPPEL S. 170).

[35]) Gleiches wird in Art. 34 bestimmt.

italienischen Juristen und deren deutschen Kopisten die Frage, ob ein zur Folter berechtigendes Indiz vorlag, der freien Beweiswürdigung des Richters entzog, die Indizien normierte und den Richter durch Beweisregeln daran band[36]).

Damit aber war bei der Prüfung dieser Indizien ein Zweifel nur noch am Vorliegen jener normierten Indizien möglich[37]). Diesen Zweifel erkannte SCHWARZENBERG in den Artikeln 11 und 34 an. Mit seiner Regelung dieses Zweifels beschritt er jedoch völlig neue, bis dahin unbekannte Wege.

SCHWARZENBERG entzog nämlich, wie die Artikel 11 und 34 zeigen, dem mit dem Einzelfall befaßten Richter *(urteiler)* die Entscheidung der Frage, was im Zweifel zu geschehen habe und wies diese den *Reten*, also gelehrten Juristen, zu. Und diese Regelung einer Zweifelssituation ist bei SCHWARZENBERG nicht etwa ein Einzelfall, sondern vielmehr die konsequent durchgeführte Regel.

So haben außer in den eben genannten Artikeln gemäß Artikel 174 die *Rete* zu entscheiden, ob ein *beistender* an einem *auffrur* strafrechtlich zur Verantwortung zu ziehen sei, und im Artikel 176 ist ihnen die Entscheidung darüber, ob im Zweifel ein Entschuldigungsgrund vorliege, zugewiesen.[38]) Schließlich heißt es im Artikel 277 noch einmal und abschließend: *Item wo unser Amptlewt Castner Richter oder Schöppfen, in verstandt diser unser ordnung (ee es zu fellen kömpt) zweyffenlich wurden, sollen sie bey unsern Reten erclerung suchen* . . .[39]). Den *Reten* aber wurde im Artikel 276 nur die allgemeine Anweisung zuteil: *guten getrewen fleyss anzukeren.*

Wiewohl auch SCHWARZENBERG an dem System der festen Beweisregel festhielt, ja es sogar noch weiter ausbaute, hat er somit überall dort, wo dieses System es denkbarerweise zuließ, die Möglichkeit des auftretenden Zweifels erkannt und zugegeben.

Wenn er diese Zweifelssituation konsequent in anderer Weise regelte, als die Italiener es getan hatten, so ist der Grund dafür also jedenfalls nicht – wie bei den Verfassern der älteren Rezeptionsgesetze – in mangelnder Einsicht in die Bedeutung des Zweifels zu suchen. Als Gründe für seine Regelung zeichnen sich vielmehr folgende zwei ab:

SCHWARZENBERG hielt, wie seine Bambergensis lehrt, offensichtlich nichts davon, die Stellung des Angeklagten durch das Geschenk der Begünstigung zu verbessern. Jedenfalls findet sich in der Bambergensis keine einzige

---

[36]) In Art. 26 sagt Schwarzenberg zwar noch, es sei *nit möglich alle* (Indizien) *zu beschreiben*, in Artikeln 33f. beschreibt er sie in seiner berühmten Indizienlehre dann aber doch. Und zwar verbindlich, wie Art. 31 lehrt, denn dort wird der Richter angewiesen, für Fälle, die nicht beschrieben worden sind, die normalen Indizien analog anzuwenden.

[37]) Und das ja auch nur beschränkt, denn Art. 30 läßt den Beweis des Indizes mit zwei Zeugen zu und präsumiert ein Indiz unwiderlegbar, wenn ein Tatzeuge es bezeugt.

[38]) Vgl. auch Art. 173 für den Zweifel darüber, ob der eingetretene Tod die Folge einer Körperverletzung war.

[39]) Bei dem einzigen *indicium indubitatum*, bei dem Zweifel entstehen konnten, der Aussage *zweyer oder dreyer glaubhafter guter zeugen, die von einem wahren wissen sagen* (Art. 78) war SCHWARZENBERG der Sorge, die Zweifelssituation regeln zu müssen, dadurch enthoben, daß er die Zeugenvernehmung von vornherein den *Reten* zuwies (Art. 81).

derartige Bevorzugung des Angeklagten[40]). Er sah Besserung der trostlosen Zustände im Strafprozeß seiner Zeit ersichtlich nur in der Intensivierung des Verfahrens, in der Befolgung seiner immer wiederholten Ermahnung, die Richter möchten *mit allem vleyss nach den umbstenden fragen.*

Ein zweiter Grund für die Ablehnung des Begriffes i.d.p.r., wie er ihn von den Italienern kannte, dürfte in dem – wohl berechtigten – Mißtrauen SCHWARZENBERGS gegen die geistigen Qualifikationen der Strafrichter und der daraus folgenden Erkenntnis, daß man diesen den Zweifel nicht überlassen dürfe, zu suchen sein. *Nachdem soliche schlechte lewte, als gewohnlich an den halsgerichten sitzen, durch beschreybung einer gemeynen ordnung begreyflich und gründig nit sovil underwisen werden können, damit sie in allen jrrigen zweyfelichen fellen rechtmessig urteyl erfinden und aussprechen mögen* . . .[41]).

Da sich diese Feststellung nur auf die *urteiler* bezog, nicht aber auf die *Rete*, hätte einer Normierung des i.d.p.r. für die Entscheidung dieser gelehrten Juristen von diesem Grund her nichts im Wege gestanden, jedoch hätte sie sich an der eben geschilderten grundsätzlich ablehnenden Einstellung SCHWARZENBERGS zu Begünstigungen des Angeklagten gestoßen.

Historisch hat diese Negation der Begünstigung des Angeklagten durch SCHWARZENBERG, wie noch zu zeigen sein wird, für die weitere Entwicklung unseres Grundsatzes eine äußerst hemmende Wirkung gehabt.

4) Der TENGLERsche Layenspiegel

Dieser 1509 erschienene Spiegel war wiederum das Werk eines juristischen Laien. Da TENGLER bei der Abfassung seines Werkes die Bambergensis als Vorbild diente[42]), kann sich unsere Untersuchung des Spiegels darauf beschränken, einschlägige Abweichungen festzustellen und auszuwerten. Nun finden sich gerade auf dem Gebiet des Beweisrechts derartige, bisher kaum beachtete Differenzen zwischen der Bambergensis und dem Layenspiegel. So heißt es über die zur Folter berechtigenden Indizien in offensichtlicher Anlehnung an den Klagspiegel, es sei *mißlich gewisse regeln zu bilden sondern eynem gerechten Richter gezimpt eygentlich zuermessen der gefangen person unnd übelthat wesentlichheyt*[43]). Hier wird also der Versuch unternommen,

---

[40]) Dafür aber Stellen, die für das Gegenteil sprechen. So der Art. 70, in dem SCHWARZENBERG wider die Italiener und den Klagspiegel anordnet, daß der unter Folter zum Geständnis gebrachte Verdächtige wieder gefoltert werden dürfe, wenn er das Geständnis nicht verifiziere. Auch der berüchtigte Art. 174 gehört hierher, wenngleich dessen Entscheidung letztlich wohl auf der oben zitierten Entscheidung des GANDINUS und ARETINUS beruht. Vgl. oben S. 12 A. 30. Schließlich der Art. 141, nach dem der Angeklagte die Notwehr zu beweisen hatte, wenn er sich darauf berief.

[41]) Art. 226

[42]) Vgl. BRUNNENMEISTER S. 205; WOLF S. 129

[43]) S. CVIII. Auch wird im Gegensatz zur Bambergensis und in Übereinstimmung mit dem Klagspiegel wieder bestimmt, daß der Verdächtige, der ein erfoltertes Geständnis nicht freiwillig verifiziert, nicht wieder ohne neue Indizien gefoltert werden dürfe. Schließlich finden sich auch hier die schon im Klagspiegel geäußerten Zweifel an der Folter.

die von SCHWARZENBERG an normierte Indizien gebundene Beweisregel wieder zu durchstoßen. Von Zweifeln bei der Prüfung des Vorliegens von Indizien oder gar von deren Entscheidung ist jedoch im TENGLERschen Layenspiegel genausowenig die Rede wie im Klagspiegel. Und dies gilt sowohl für die zur Folter berechtigenden Indizien als auch für die zur Verurteilung ausreichenden Tatbestände und die Gesetzesauslegung. Der TENGLERsche Layenspiegel stellt somit aber für unsere Untersuchung der Entwicklung zum Grundsatz i.d.p.r., verglichen mit seinem Vorbild, der Bambergensis, eher einen Schritt zurück dar.

Es soll daher nun zum letzten und für die deutsche Rechtsentwicklung bedeutendsten aller Rezeptionsgesetze übergegangen werden, zu der

5) Constitutio Criminalis Carolina von 1532

Bereits die geläufige Bezeichnung der Bambergensis als »mater Carolinae«, vielmehr aber noch die synoptische Ausgabe beider Gesetze durch ZOEPFL lassen erkennen, daß die Redaktoren der Carolina die Bambergensis bei ihrer Arbeit in einer Weise als Vorbild benutzt haben, die es uns für die vorliegende Untersuchung ermöglicht, diese auch hier auf die Abweichung der Carolina von den oben beschriebenen Regelungen der Bambergensis zu beschränken.

Der Artikel 13 der Bambergensis, in dem SCHWARZENBERG die bekannte TRAJANsentenz wiedergibt, fehlt in der Carolina völlig. Da diese Vorschrift jedoch, wie oben dargelegt[44]), für die Entwicklung des Begriffes i.d.p.r. in der Bambergensis ohnehin keine Bedeutung hatte, läßt sich das Desinteresse der Redaktoren der Carolina an dieser Vorschrift verschmerzen. Dies um so leichter, als sich alle anderen Erwähnungen des Zweifels in der Bambergensis auch in der Carolina finden.

Die Artikel 11 und 34 der Bambergensis, die den Zweifel am Vorliegen eines zur Folter berechtigenden Indizes regeln, entsprechen den Artikeln 7 und 28 der Carolina mit der einzigen Ausnahme, daß das Wort *Rete* durch den Begriff *oberkeyt* ersetzt worden ist. Den Artikel 174 der Bambergensis finden wir als Artikel 148 der Carolina wieder, und die Artikel 176 und 276 der Bambergensis entsprechen den Artikeln 151 und 219 der Carolina. In all diesen Vorschriften der Carolina wird der Zweifel geregelt wie in der Bambergensis, *die urtheyler* werden auf die *rechtsverstendigen* verwiesen. Wie diese aber zu entscheiden haben, wird in der Carolina ebensowenig wie in der Bambergensis gesagt. Es finden sich also in der Carolina in bezug auf unsere Untersuchung keine bedeutenden Abweichungen von der Bambergensis.

Unsere Untersuchung aller bedeutenden Rezeptionsgesetze auf ihre Einstellung zum Grundsatz i.d.p.r. und den diesem Grundsatz zugrundelie-

---

[44]) Vgl. oben S. 32

genden Gedanken der Begünstigung des Angeklagten finden damit hier ihr Ende.

Die naheliegende Vermutung, daß durch die Rezeption des mittelalterlich-italienischen Strafprozeßrechts in Deutschland der den Italienern bekannte Begriff i. d. p. r. Eingang in das deutsche Strafprozeßrecht gefunden hätte, hat sich nicht bestätigt. Zwar haben die volkstümlichen, von der Rezeption beeinflußten Spiegel dem Gedanken der Begünstigung des Angeklagten grundsätzlich positiv gegenübergestanden. Zwar hat SCHWARZENBERG auch die in jenen Spiegel fehlende tatsächliche Voraussetzung für die Entwicklung des i. d. p. r. geschaffen, indem er den Zweifel in jeder nur denkbaren Möglichkeit anerkannte. Zum i. d. p. r. konnte es jedoch nicht kommen, da SCHWARZENBERG, wenngleich mit guten Gründen, gegen eine derartige Entwicklung Stellung nahm, und die Redaktoren der Carolina ihm folgten.

V Das gemeine Recht bis zur Mitte des 17. Jahrhunderts

Die Weiterentwicklung des deutschen Strafprozeßrechtes im Zeitalter der Rezeption war das ausschließliche Werk der Gesetzgebung. Sie war es, die in immer neuen Anläufen das durchgeformte, fremde Recht mit den deutschen Rechtsüberlieferungen verschmolz und so neues Strafprozeßrecht schuf. Höhepunkte dieser Entwicklung waren die Bambergensis als Werk eines Landesgesetzgebers und die Carolina als Werk des Reichsgesetzgebers. Diese Höhepunkte bildeten aber zugleich auch Endpunkte: Mit dem Erlaß der Carolina versiegte die Reichsgesetzgebung auf dem Gebiete des Straf- und Strafprozeßrechtes völlig. Die Landesgesetzgebung, die sich ihre Gesetzgebungsrechte in der *clausula salvatoria* des Publikationspatentes zur Carolina vorbehalten hatte, schuf zwar bis in das 17. Jahrhundert hinein weitere Landeskriminalordnungen und Statuten. Dennoch kann man auch von ihr mit Fug und Recht behaupten, daß sie nach dem Erlaß der Bambergensis stagniert habe, denn diese Landesgesetze standen so sehr im Banne von Carolina und Bambergensis[1]), daß sie, verglichen mit ihnen, nichts Neues mehr boten. Diese – politisch bedingte – Stagnation der Gesetzgebung ist kennzeichnend für das an die Epoche der Rezeption anschließende Zeitalter des gemeinen deutschen Strafprozeßrechts, also für die zwei Jahrhunderte von der Mitte des 16. bis zur Mitte des 18. Jahrhunderts.

Wenn dennoch nicht behauptet werden kann, das gesamte Strafprozeßrecht habe sich während dieser Jahrhunderte nicht weiterentwickelt, so ist dies insbesondere das Verdienst der deutschen Rechtswissenschaft. Wiewohl zu Beginn der Epoche des gemeinen Rechtes noch in ihren Kinderschuhen, hat sich die Wissenschaft vom Straf- und Strafprozeßrecht schnell entwickelt und alsbald bestimmenden Einfluß auf die Praxis gewonnen. Das Hauptaugenmerk bei der folgenden Untersuchung des gemeinen deutschen Strafprozeßrechtes war daher auf die namhaftesten Vertreter dieser deutschen Wissenschaft vom Strafprozeßrecht zu richten.

1) Die Wissenschaft im 16. Jahrhundert

a) Der erste von ihnen war der Bayer ANDREAS PERNEDER[2]). Seine im Jahre 1544 von HUNGER herausgegebene Halsgerichtsordnung fand vor allen

---

1) Vgl. v. WÄCHTER S. 39f.; v. HIPPEL S. 223

2) PERNEDER war herzoglich-bayrischer Rat und Sekretär. Er ist wahrscheinlich 1540 gestorben. Vgl. STINTZING I S. 573

Dingen in Süddeutschland weitgehende Beachtung[3]). Und das, obwohl HUNGER ein Manuskript veröffentlicht hatte, das PERNEDER vor dem Erlaß der Carolina geschrieben hatte und das daher noch keine Hinweise auf sie enthielt[4]).

In diesem Werk PERNEDERS findet sich bereits die erste Andeutung eines Rechtsinstitutes, das sich im gemeinen deutschen Strafprozeßrecht alsbald durchsetzen sollte. Unter dem Titel *Wie sich der Richter halten soll, wo die that kain bestimpte straff hat* heißt es: *Item in sachen und fellen, die im rechten kain außgedruckte bestimbte straff haben, mag der Richter ain strenge oder leychte peen fürnemmen*[5]). Der Richter konnte also auch foltern lassen, wenn er eine Tat lediglich für strafwürdig hielt, sie jedoch von keinem Gesetz mit Strafe bedroht war. In der Regel wird der Täter auch in einem solchen Fall gestanden haben und daraufhin verurteilt worden sein. Diese Art der außergesetzlichen Strafe wurde in der Folge unter dem von den Italienern[6]) geprägten Namen *poena arbitraria* oder *extraordinaria* bekannt. Sie stellt nach heutiger Rechtsanschauung zwar einen Verstoß gegen den Grundsatz nulla poena sine lege dar[7]). Den Grundsatz i. d. p. r. verletzt sie jedoch nicht, denn diese *poena extraordinaria* des frühen gemeinen Rechts war ebenso wie die *poena ordinaria* an das Vorliegen eines *indicium indubitatum* gebunden. Sie ist ursprünglich nur eingeführt worden, um allgemein als unerträglich empfundene Gesetzeslücken zu füllen. Dennoch ist die Entwicklung der *poena extraordinaria* im Rahmen dieser Untersuchung zu beachten, weil unter ihrem Namen im späteren gemeinen Recht die Verdachtstrafe in das deutsche Recht eingeführt worden ist, welche dann allerdings dem Grundsatz i. d. p. r. widersprach.

Daß PERNEDER von der Verdachtstrafe noch nichts wußte oder jedenfalls nichts wissen wollte, beweisen seine Anforderungen an die Voraussetzungen einer Verurteilung: *Item so ain richter uber menschen blut, leib, leben oder auff desselben eer urthailen soll er fürnämlich dise maß halten. Das er niemandts zu solcher hohen straff erkenn oder verdamp. Es sey dann derselb beschuldigter missethat mit sein selbs aigner oder mit seiner gesellen und mitverwonter gleichhelliger anzaigung oder aber sunst mit offenbarn unwiderfechtlichen kundtschafter die klarer sein dann tagsliecht überwunden*[8]).

Die Kernfrage des deutschen Strafprozesses seiner Zeit, wann nämlich gefoltert werden dürfe, beantwortet PERNEDER unterschiedlich. Bei der Besprechung des überkommenen Akkusationsprozesses heißt es: *Das die*

---

[3]) Sie wurde häufig kopiert und sogar ins Holländische übersetzt. Vgl. STINTZING I S. 634

[4]) Erst 1573 besorgte der Schwiegersohn der Tochter PERNEDERS, OCTAVIANUS SCHRENCK, die Herausgabe jenes Manuskriptes, in dem PERNEDER die Carolina eingearbeitet hatte. Vgl. STINTZIG I S. 573

[5]) S. III

[6]) Vgl. PROSPER FARINACIUS (gest. 1618) Praxis et Theoricae Criminalis, Lib. I Tit. III Quest. XVII sub 61

[7]) Dieser Grundsatz existierte jedoch auch in den Rezeptionsgesetzen noch nicht, wie die Art. 126 der Bambergensis und 105 der Carolina lehren.

[8]) S. V

Indicia bewisen werden sollen[9]). Wenn der Ankläger das nicht vermöchte, so solle *man sich aller peinigung gänzlich enthalten.* Für diese Prozeßart kam PERNEDER unserem Grundsatz also jedenfalls sehr nahe. Da der Akkusationsprozeß schon zu PERNEDERS Zeit im Vergleich zum Inquisitionsprozeß kaum noch eine Rolle gespielt hat und auch späterhin im gemeinen Recht nur untergeordnete Bedeutung hatte[10]), braucht jedoch auf diese Sentenz nicht weiter eingegangen zu werden. Für den zu seiner Zeit herrschenden Inquisitionsprozeß findet sich bei PERNEDER auch nichts dergleichen. Hier heißt es nur, daß *on vorgenden argkwon und verdechtligkait kain painligkeit fürgenomen werde.* Und, entsprechend den ersten Rezeptionsgesetzen, *was und wölche anzaigung auch für genugsam zeachten sein kan nit wohl erzelt werde und steet on mittelbey erkandtnuß des Richters*[11]).

Wie aber der Richter im Zweifel zu entscheiden habe, wird nicht gesagt. Auch wird der Zweifel an keiner anderen der Stellen erwähnt, die Anlaß zur Formulierung unseres Grundsatzes hätten bieten können.

Somit scheidet PERNEDER aus dem Kreis derjenigen, die den Weg zum i.d.p.r. beschritten haben, aus.

b) Das gilt auch für GOBLER[12]), dessen »Gerichtlicher Prozeß« im wesentlichen ein, zudem recht konfuses Plagiat der Halsgerichtsordnung PERNEDES ist[13]).

c) Das Gegenteil läßt sich jedoch von dem Holländer JOSSE DAMHOUDER[14]) behaupten, dessen im Jahre 1554 erschienenes Werk »Praxis rerum criminalium« von wesentlichem Einfluß auf die Rechtsprechung Deutschlands, insbesondere Norddeutschlands gewesen ist[15]). DAMHOUDER zeichnet sich aus durch die besondere Berücksichtigung der Stellung des Angeklagten und sein Bemühen, diese zu verbessern. Die Verdachtstrafe kannte er nicht. Die Anforderungen an die zur Vornahme der Folter notwendigen Indizien verschärfte er, indem er die bis dahin herrschende Indizienlehre mit ihrer Scheidung zwischen *indicia dubitata*, die zur Folter ausreichten, und *indicia indubitata*, auf deren Vorliegen ohne weiteres verurteilt werden konnte, modifizierte. Im Kapitel XXXVI heißt es: *Indicia autem sunt trifaria. Alia namque a veritate sunt remota, sive generalia. Alia vero veritate propinqua, hoc est iuxta doctores semiplena et dubitata. Alia autem veritate quidem proxima et propinquissima quaeque vocari solent indicia plena et indubitata*[16]). DAMHOUDER fährt

---

[9]) S. II

[10]) Vgl. EB. SCHMIDT Einführung S. 189f.

[11]) S. II

[12]) Wahrscheinlich 1504 in St. Goar geboren. 1569 in Frankfurt/M. gestorben. Vgl. STINTZING I S. 582

[13]) Das gleiche gilt für RAUCHDORN, DORNECK und SAWR.

[14]) 25. 11. 1507 bis 22. 1. 1581 vgl. STINTZING I S. 604

[15]) Vgl. hierzu STINTZING a.a.O. und v. HIPPEL S. 227

[16]) Sub 11. Es gibt drei Arten von Indizien. Die einen sind die von der Wahrheit entfernten oder allgemeinen. Die zweiten sind der Wahrheit angenähert und heißen bei den Doktoren *semiplena* und *dubitata*. Die dritten sind der Wahrheit nahe oder ganz nahe und sollen *indicia plena* und *indubitata* genannt werden.

dann fort, *verum indicia plena irrefragabilia, sive indubitata . . . prorsus sufficiunt ad inquisitionam per torturam*[17]).

Daß ein *indicium indubitatum* nicht nur genügende, sondern darüber hinaus notwendige Voraussetzung der Folter war, beweist die Begründung, mit der DAMHOUDER im Kapitel XLIX seine Ablehnung der *fuga* und *praesumptio famae* als *indicia indubitata* stützt, er sagt: *numquam plenam probationem efficere possunt in materia criminali ad condemnationem quod ad criminis materiam omnes probationes opporteat esse clarissimas*[18]). Wiewohl DAMHOUDER mit diesen Zitaten in die unmittelbare Nähe einer Anwendung des i.d.p.r. bei der Prüfung der *indicia indubitata* gerückt ist; den entscheidenden Schritt hat er nicht vollzogen. Das ergibt sich aus einer Durchsicht der von ihm beispielhaft benannten Indizien. Er führt dort u.a. auch keineswegs *clarissima* zu nennende *indicia indubitata*, so z.B. die *fama*, an[19]). Wenn aber jemand gefoltert werden konnte, von dem lediglich das Gerücht ging, er habe sich einer strafbaren Handlung schuldig gemacht, dann kann von einer Anwendung des i.d.p.r. in der Indizienlehre nicht die Rede sein. Dieses Ergebnis wird bestärkt durch die Tatsache, daß DAMHOUDER das i.d.p.r. im Rahmen seiner Indizienlehre nicht erwähnt, während er an anderer Stelle jedenfalls den Gedanken des i.d.p.r. ausdrückt. In seinen Erörterungen zur *poena extraordinaria* führt er u.a. aus: *Extraordinariam vero poenam appellare licebit quam Iudex ipse non ex Legum, principumve constitutione aut ex inolita consuetudine sed ex proprio arbitrio infert et imponit*[20]). Hier empfehle sich Milde, heißt es dann[21]), und schließlich: *et in ubi partes sive materiae obscurae sunt ancipites, convenitcum ad absolvendum, quam ad condemnandum esse procliviorem*[22]). Auffallend ist die zaghafte Vorsicht, mit der DAMHOUDER hier den Gedanken, daß man im Zweifel eher zum Freispruch als zur Verurteilung geneigt sein solle, mehr andeutet als ausdrückt. Er erweckt damit den Eindruck, als habe er die ungeheure Tragweite des i.d.p.r. wohl erkannt, sich jedoch gerade deshalb gescheut, diesen Rechtssatz klar und verbindlich, und sei es auch nur für eine einzige Zweifelsentscheidung, auszusprechen.

Zwar hat DAMHOUDER das i.d.p.r. nicht als strafprozessualen Grundsatz angewendet wissen wollen, denn er hat es in seinem Werk an anderer Stelle nicht wieder erwähnt; es verbleibt ihm jedoch das Verdienst, der erste Vertreter des gemeinen Strafprozeßrechtes gewesen zu sein, der den Gedanken unseres Grundsatzes jedenfalls ausgesprochen hat.

---

[17]) Sub 14. Die *indicia plena* oder *indubitata* reichen ohne weiteres zur Folterung aus.

[18]) Sub 6. Niemals können sie in einer Strafsache einen vollen Beweis darstellen, denn in Strafsachen müssen alle Beweise äußerst eindeutig sein.

[19]) Cap. XXXVI sub 25

[20]) Cap. LV sub 3. *Poena extraordinaria* wird eine solche Strafe genannt, die der Richter nicht aus dem Gesetz, einer Landeskonstitution oder dem Gewohnheitsrecht, sondern aus eigenem Gutdünken ermittelt und auferlegt.

[21]) a.a.O. sub 5: *iudicem semper commendat clementia.*

[22]) a.a.O. sub 8 und wo die Materie unaufgeklärt und zweifelhaft ist, dort soll man dem Freispruch mehr zugeneigt sein als der Verurteilung. Ähnliche Tendenzen finden sich auch im italienischen Strafprozeßrecht dieser Zeit, vgl. HIPPOLYT DE MARSILIIS, Tit. I sub 59 *in dubio promtiores et faciliores debemus esse in absolvendo quam in condemnando.*

d) Bei dem bedeutendsten Strafrechtswissenschaftler dieser Zeit, MATTHAEUS WESENBEC, findet sich unser Grundsatz nicht. In seinem Institutionenkommentar heißt es zwar einmal: *ut semper potius absolvere debeamus quam condemnare* und *nam defensionis et absolutionis causa favorabilior est quam condemnationis*[23]). Diese vorsichtigen Andeutungen des *favor defensionis* haben zwar mit unserem Grundsatz direkt nichts zu tun, da sie nicht an den Zweifel anknüpfen, sie entspringen jedoch der gleichen Absicht, den Angeklagten zu begünstigen. Derartige Bemühungen waren zum Ende des 16. Jahrhunderts in Deutschland sehr stark bemerkbar, sie gipfelten in dem – allerdings erfolglosen – Versuch FRIEDRICHS V. SPEE, seine Zeitgenossen von der Sinnlosigkeit der Folter zu überzeugen[24]).

2) Die Praxis im 16. Jahrhundert

Wenn auch die Praxis dieser Zeit auf die Folter als Mittel zur Wahrheitserforschung nicht verzichten wollte, so zeigte sie sich doch dem Gedanken der Begünstigung des Angeklagten im Zweifel durchaus aufgeschlossen.

a) So wird in einem der Konsilien FICHARDS[25]), die den Gerichtsgebrauch des 16. Jahrhunderts trefflich spiegeln[26]), eine peinliche Anklage wegen Bruchs des Urfriedens und Aufruhrs als unbegründet, weil unbewiesen, beurteilt. Als quasi subsidiäre Begründung dieses Ergebnisses erklärt FICHARD: *Zu dem allem, wanngleich der Handel nicht so lauter und klar sondern auch etwas zweifellich und disputierlich were, so sollen die Scheffen doch in solchem Fall viel geneigter seyn zu erledigen dann zu verdammen und menschlich Blut zu vergiessen. In dubiis enim semper benigniora praeferenda sunt. Et in poenis benignior interpretatio facienda. Satius est impunitum relinqui facinus nocentis, quam innocentem damnare*[27]).

In einem anderen Konsilium heißt es: *Zum vierdten und letzten bewegt mich, daß der Richter sonderlichen in solchen hochwichtigen Sachen im zweiffel allwegen mehr zu der Miltigkeit dann zu der Schärpffe und Strengkeit sol geneigt sein. Derwegen, da gleich auß der Zeugen sagen etwas verdächtliches wider den Beklagten möchte abgenommen werden ... so solte doch abermals als in einer zweiffelichen Sachen mehr für ihnen, den Beklagten, dann gegen ime geurtheilt werden, dieweil die Recht mehr zu der erledigung dann der verdammung geneigt seind. Auch sagen, daß besser sey einen Schuldigen zu erledigen (welchen Spruch dann deß Beklagten Redener für und für auch geführt) dann einen Unschuldigen zu verdammen*[28]).

---

[23]) S. 897. Daß wir immer eher freisprechen als verurteilen sollen. Denn die Sache der Verteidigung und des Freispruchs ist mehr zu berücksichtigen als die der Verurteilung. In den Paratitla finden sich nicht einmal derartige Begünstigungen des Angeklagten.

[24]) Vgl. dessen Cautio Criminalis.

[25]) am 23. 6. 1512 in Frankfurt/M. geboren, am 7. 6. 1581 dort gestorben. Die Consilia sind 1590 erschienen. Vgl. STINTZING I S. 586f.

[26]) Vgl. EB. SCHMIDT Einführung S. 144

[27]) Teil II, Teutsche Rathschläge, Cons. CI sub 5 f.

[28]) a. a. O. Cons. CIIII sub 16

Aus diesen Zitaten den Schluß zu ziehen, in der Gerichtspraxis des 16. Jahrhunderts habe unser Grundsatz bereits konkrete Anwendung gefunden, wäre allerdings voreilig, denn weder sagt FICHARD, daß der Angeklagte im Zweifel freigesprochen werden müsse, noch, daß zu seinen Gunsten auch nur der dem Angeklagten günstigere Sachverhalt unterstellt werden solle. Im Zweifel solle nur *mehr für* den Angeklagten als *gegen* ihn entschieden werden, d.h. er soll im Zweifel nur ganz allgemein begünstigt werden. Auch die Praxis des 16. Jahrhunderts kann sich also nur zu jener grundsätzlichen Begünstigung des Angeklagten verstehen, die schon von WESENBEC angedeutet worden war; zu dem konkreten i.d.p.r. wollte sie sich offensichtlich noch nicht bekennen.

Bemerkenswert ist allerdings, wie sehr sich seit DAMHOUDERS ersten zaghaften Andeutungen die Ansicht, der Zweifel müsse dem Angeklagten allgemein zugutekommen, offensichtlich schon durchgesetzt hatte. Wenn FICHARD davon spricht, daß *die Recht* mehr *zur erledigung als zur verdammung* geneigt seien, insbesondere aber wenn er darauf hinweist, daß die Verteidiger die TRAJANsentenz *für und für* für ihre Argumentation benutzt hätten, so beweist das, daß jedenfalls der Grundgedanke unseres Grundsatzes im 16. Jahrhundert schon juristisches Gemeingut geworden war.

b) Das bestätigen auch die »Observationes« der Praxis des Reichskammergerichtes, die 1613 von GAILL und MYNSINGER herausgegeben worden sind. So wird in der CIX. observatio die alte Frage aufgeworfen, ob alle an einem Raufhandel mit tödlichem Ausgang Beteiligten mit der Todesstrafe bestraft werden sollten[29]). GAILL, der hier berichtet, referiert, daß die Italiener, die CCC (Art. 148) sowie einige Doctores die Ansicht vertreten hätten, es müsse alle Beteiligten die Todesstrafe treffen. Dann aber heißt es: *Sed vera et magis communis opinio Doctores conclusio est, q. in ista incertitudine poena extraordinaria habeat eo q. in delictis probationes luce meridiana clariores requirantur*, *et quod in dubio melius sit nocentem absolvere quam innocentem condemnare*[30]). Nach der herrschenden Meinung unter den Wissenschaftlern, der GAILL zustimmt, soll der Angeklagte im Zweifel an der Gesetzesauslegung also dadurch begünstigt werden, daß gegen ihn nur die erheblich leichtere[31]) *poena extraordinaria* verhängt wird. Gegenüber der von FICHARD geäußerten Ansicht bedeutet diese Entscheidung auf dem Wege zum i.d.p.r. jedoch einen Schritt zurück. Zwar hatte FICHARD, wie oben dargelegt, nicht näher bestimmt, auf welche Art der Angeklagte im Zweifelsfall zu begünstigen sei, immerhin deuten jedoch beide oben zitierten Konsilien darauf hin, daß der Angeklagte im

---

[29]) *Si in rixa plurium homicidium committator, sed ignovetur a quo factum sit, ...*

[30]) Aber die richtige und herrschende Meinung der Doktoren ist die, daß bei derartiger Unsicherheit die *poena extraordinaria* verhängt wird, weil bei Verbrechen die Beweise klar wie die Mittagssonne sein müssen, und weil es besser ist, im Zweifel den Schuldigen freizusprechen als den Unschuldigen zu verurteilen.

[31]) Als *poena extraordinaria* konnte zu Zeiten GAILLS nur Geldstrafe oder Landesverweisung verhängt werden, nicht aber Körper- oder gar Todesstrafen. Vgl. BERLICH, Conclusiones: *Secus est de iure communi, ubi poena haec arbitraria, seu extraordinaria est solummodo pecuniaria vel exilii non etiam corporis afflictiva esse potest.* IV. Buch, Concl. XV, sub 8

Zweifel eher freigesprochen werden solle: *dieweil die Recht mehr zu der erledigung dann der verdammung geneigt sein.* Nun aber sollte eine, wenn auch mildere so doch in keinem Gesetz ausgeworfene, in das Belieben des Richters gestellte Strafe verhängt werden. Das war zwar noch kein Verstoß gegen den Grundsatz i. d. p. r. jedoch vom Standpunkt dieses Grundsatzes weniger als FICHARD versprochen hatte.

Die Tatsache, daß GAILL seine Entscheidung, im Zweifel sei die mildere *poena extraordinaria* zu verhängen, mit einer Modifizierung der TRAJANsentenz untermauerte, die wörtlich übersetzt den Inhalt unseres Grundsatzes ausdrückt, darf nicht zu dem Fehlschluß verleiten, GAILL habe im Widerspruch zu dem vorherigen Satz nun doch im Zweifel den Angeklagten freisprechen lassen wollen. Das TRAJANfragment dient ihm hier nur zur wissenschaftlichen Etikettierung der eigenen Ansicht und hat keinen eigenen Aussagewert.

3) BERLICH

Der nächste bedeutende deutsche Wissenschaftler, der sich mit dem Strafprozeßrecht eingehend befaßte, war der Leipziger Rechtsanwalt MATTHIAS BERLICH[32]). In seinen »Conclusiones practicabiles« entscheidet er in zwei Einzelfällen in dubio pro reo. In den Erörterungen zur Abtreibung führt er folgendes aus: *In dubio autem foetus inanimatus et ante dimidium temporis a conceptione numerandum constitutus praesumitur*[33]). Da nach den Kursächsischen Konstitutionen von 1572, die BERLICH in seinem Werk kommentiert, eine Bestrafung wegen Abtreibung ausgeschlossen war, wenn dieser Sachverhalt vorlag, mußte der Angeklagte nach BERLICH im Zweifel hier freigesprochen werden. Die zweite derartige Entscheidung findet sich bei der Besprechung der Notwehr. Entsprechend dem Artikel 141 der Carolina war die Notwehr nach BERLICH vom Angeklagten zu beweisen[34]). Entgegen der Carolina, die dem Angeklagten für diesen Fall auch noch die Beweislast zuschiebt: *beweist er die nicht, er wirt schuldig gehalten* führt BERLICH aus: *Illud etiam oblivioni tradendum non est quod insultatus in dubio semper senseatur aliquem ad sui defensionem occidisse et moderamen inculpatae tutelae non excessisse multo minus homicidium dolose commisisse*[35]).

Daß BERLICH trotz dieser zwei Einzelentscheidungen das i. d. p. r. nicht

---

[32]) Am 9. 10. 1586 in Sköhlen bei Weissenfels geboren, am 8. 8. 1638 in Leipzig gestorben. Vgl. STINTZING I S. 640, 736f.

[33]) Buch IV, Concl. VIII, sub 23. Im Zweifel wird angenommen, daß das geborene Kind leblos war und vor der Hälfte der Schwangerschaft geboren worden ist.

[34]) Buch IV, Concl. XIV, sub 1. *Non sufficit allegare defensionem sed ea debet etiam probari et quidem a reo qui eam allegat.* Es genügt nicht zur Verteidigung Behauptungen aufzustellen, sondern sie müssen bewiesen werden, und zwar von dem Angeklagten, der die Behauptung aufgestellt hat.

[35]) a. a. O. sub 35. Dieses aber soll dem Vergessen nicht überliefert werden, daß im Zweifel nämlich immer angenommen wird, der Angefallene habe den anderen in Notwehr getötet und dabei weder Notwehrexzess verübt noch mit Tötungswillen gehandelt.

als strafprozessualen Grundsatz anerkennen wollte, beweist die Tatsache, daß sich in seinem Werk mehrere Stellen finden, aus denen Entscheidungen in dubio contra reum offenbar werden. So betont BERLICH z.B., daß bei vollendeter Tötung eines Menschen immer der *animus occidendi*, der Tötungsvorsatz also, angenommen werden solle[36]) und sagt bei der Besprechung der Sittlichkeitsdelikte: *Et in dubio semper fieri debet interpretatio in eam partem per quam vitatur delictum*[37]). Darüber hinaus findet sich unser Grundsatz auch an keiner anderen Stelle der Conclusiones von BERLICH[38]).

Mit der Erwähnung von BERLICH sind wir an einem entscheidenden Einschnitt in der Geschichte des deutschen peinlichen Prozeßrechtes angelangt. Während sich, wie gezeigt wurde, in der vor diesem Einschnitt liegenden Teilepochen des gemeinen Rechtes *die Recht* zur Annahme des i.d.p.r. als Grundsatz des gesamten Strafprozeßrechtes wenigstens *geneigt* zeigten, ist davon in der zweiten, nun beginnenden Epoche kaum noch die Rede. Sicherlich bedingt durch die unglücklichen politischen Verhältnisse, insbesondere während des 30jährigen Krieges, setzte in der folgenden Zeit eine betonte Verschärfung der Strafverfolgung ein, die sich einerseits in einer Erhöhung des Strafmaßes, andererseits aber auch in der Einführung der Verdachtstrafe ausdrückte. Insbesondere diese letzte Tatsache ist es, der wir im Rahmen unserer Untersuchung nun mehr unsere besondere Aufmerksamkeit werden zuwenden müssen.

---

36) Buch I, Concl. XIV, sub 10 a.E. Diese Präsumtion stammt in dieser Form aus dem italienischen Recht, vgl. CARERIUS S. 106, *sed an in dubio praesumatur animus occidendi.*

37) Buch V, Concl. XXXVIII, sub 51. Im Zweifel soll immer zugunsten desjenigen interpretiert werden, der durch jenes Delikt verletzt wurde.

38) ALLMANN (S. 37) behauptet, BERLICH habe die Verdachtstrafe bereits erwähnt. Ich habe bei BERLICH nichts finden können, was diesen Schluß zuließe. Die Beispiele, die ALLMANN erwähnt, zeugen von BERLICHS Bemühen um das Problem der Wahlfeststellung.

VI Das gemeine Recht von der Mitte des 17. Jahrhunderts

1) Entwicklung in der 2. Hälfte des 17. Jahrhunderts

a) Diese Verdachtstrafe in das deutsche Strafprozeßrecht einzuführen, ist dem Landsmann und Nachfolger BERLICHS BENEDICT CARPZOV vorbehalten geblieben[1]).

CARPZOVS berühmtestes Werk, die »Practica nova imperialis Saxonica rerum Criminalium«, erschien zum ersten Mal im Jahre 1635, also mitten im 30jährigen Krieg. Wenngleich die Practica in ihrem juristischen Gehalt kaum über BERLICHS Conclusiones hinausgingen[2]), in ihrer Bedeutung für die Praxis überflügelten sie nicht nur BERLICHS Werk, sondern auch alle andere Literatur, die seit der Rezeption erschienen war. Für die Strafgerichtsbarkeit insbesondere des 17., aber auch des beginnenden 18. Jahrhunderts hatten CARPZOVS Practica fast gesetzesgleiche Bedeutung.

In diesem Lichte hat die Tatsache, daß CARPZOV die Verdachtstrafe aus dem italienischen Recht seiner Zeit übernahm[3]) und in das deutsche Strafprozeßrecht einführte, ihre für unsere Untersuchung besonders schwerwiegende Bedeutung. CARPZOVS Ansichten zur Verdachtstrafe finden sich in der Quästio CXVI der Practica, die den Titel trägt: *De transmissione Actorum ad Collegium Iurisperitorum et quomodo procedendum crimine plene non probata.* Die Ausführungen CARPZOVS im ersten Teil dieser Quästio beschäftigen sich mit der Aktenversendung. Diese hatte sich aus dem *Rathsuchen bey der Oberkeyt* entwickelt, das die Carolina den Richtern für den Fall des Zweifels vorgeschrieben hatte. Hätte CARPZOV auch nur die Möglichkeit einer Entscheidung i.d.p.r. als diskutabel angesehen, in diesem Teil dieser Quästio wäre für eine solche Diskussion der rechte Platz gewesen. Finden läßt sich dort jedoch nichts dergleichen. Stattdessen heißt es im zweiten Teil der Quästio zu der

---

[1]) Am 27. 5. 1595 in Wittenbergen geboren. C. war Ordinarius in Leipzig und gleichzeitig Mitglied des dortigen Schöffenstuhls, er ist dort am 8. 8. 1638 gestorben. Vgl. STINTZING II S. 55f.

[2]) CARPZOVS juristische Fähigkeiten waren und sind Gegenstand des Streites. Am treffendsten charakterisiert ihn wohl v. HIPPEL, der ihn als *nichts weniger als genial aber gelehrt, fleißig und gründlich* bezeichnet. Vgl. S. 228. CARPZOVS Abhängigkeit von BERLICH demonstriert das alte Scherzwort: Nisi Berlichius Berlichizasset Carpzovius non Carpzoviasset.

[3]) Vgl. z.B. FARINACIUS, den CARPZOV als Autorität des italienischen Rechtes betrachtet hat, bei der Besprechung des incrimen haeresis: *in quo reo vel ad fidem reverso veluti suspecto ad carcares damnato potest.* Buch I, Tit. III, Quäst. XVII, sub 61 a. E. Vgl. auch ALLMANN S. 17ff., insbes. S. 23f.

Frage, wie zu verfahren sei, wenn das Delikt nicht eindeutig bewiesen worden sei: *Posteriori vero casu, quando crimen plene probatum non est ad condemnationem Rei, et impositionem poenae mortis haudquaquam deveniri potest ut maxime plures imperfecte probationes conjungantur Neq; enim plures imperfecte probationes plenam probationem faciunt*[4]). Diese Ansicht Carpzovs, daß mehrere unvollständige Beweise auch zusammengefaßt keinen vollständigen Beweis auszumachen vermöchten, kennen wir bereits aus den Werken von Aretinus und Gandinus[5]). Während die beiden italienischen Wissenschaftler jedoch aus diesem Satz folgerten, daß ein Angeklagter, gegen den lediglich unvollständige Beweise vorgebracht werden könnten, freigesprochen werden müßte, plädiert Carpzov in diesem Fall keineswegs für Freispruch: ... *quod tamen non ita accepi debet ut Reus indiciis et praesumptionibus gravatus prorsus sit absolvendus, sed vel extraordinarie coerceri vel tortura subiici, vel juramento se purgare debet*[6]). Auch der verdächtige Angeklagte, gegen den nur ein unvollständiger Beweis erbracht werden kann, soll also verurteilt werden. Das aber ist nichts anderes als die Bestrafung des lediglich Verdächtigen um dieses Verdachtes willen, ist die Verdachtstrafe.

Carpzov nennt diese Verdachtstrafe *poena extraordinaria*. Nun darf wohl unterstellt werden, daß einem so belesenen Mann wie Carpzov bekannt gewesen sein muß, daß das gemeine Recht bisher mit diesem Begriff durchaus nicht die Verdachtstrafe, sondern eine andere Strafart verband. Die Strafe nämlich, die die für ein vollständig bewiesenes, allgemein als strafwürdig empfundenes, jedoch nicht unter eine gesetzliche Strafdrohung gestelltes Delikt verhängt wurde. Diese Strafart war seit Perneder Bestandteil des deutschen gemeinen Strafprozeßrechtes gewesen[7]). Sie hatte jedoch immer – wie jede gesetzliche Strafe – den vollen Beweis der Strafbarkeit des Täters vorausgesetzt. Die Bestrafung eines Angeklagten ohne vollständigen Beweis war in Deutschland jedenfalls seit der Carolina rechtswidrig. Wenn Carpzov die Verdachtstrafe in das deutsche Strafprozeßrecht dennoch unter dem Namen *poena extraordinaria* eingeführt hat, so kann daraus doch wohl nur geschlossen werden, daß er eben diese Rechtswidrigkeit der Verdachtsstrafe hat verschleiern wollen. Diese Annahme wird noch bestärkt durch den Widerspruch, in den er sich bei der Bestimmung des Strafmaßes für die *poena extraordinaria* verwickelt. Während er nämlich im Widerspruch zum gemeinen Recht[8]) – allerdings in Übereinstimmung mit den Kursächsischen

---

[4]) a.a.O. sub 49. In dem letzten Fall, in dem das Verbrechen nicht eindeutig zu beweisen ist, kann eine Verurteilung des Angeklagten niemals dadurch bewirkt werden, daß mehrere unvollständige Beweise zusammengefaßt werden, denn mehrere unvollständige Beweise ergeben auch zusammengefaßt noch keinen vollständigen Beweis.

[5]) Vgl. oben S. 10

[6]) a.a.O. sub 50. Was aber nicht so verstanden werden soll, daß der durch Indizien und Präsumtionen Belastete geradeswegs freizusprechen wäre, er soll vielmehr entweder mit der *poena extraordinaria* bestraft oder der Tortur unterworfen werden oder sich schließlich durch Eid reinigen.

[7]) Vgl. oben S. 39
Schon die Carolina hatte diese poena extraordinaria in Art. 105 vorgesehen.

[8]) Vgl. Berlich Buch IV, Concl. XV sub 8: *Secus est de jure communi, ubi poena haec arbitraria, seu extraordinaria est solummodo pecuniaria vel exilii non etiam corporis afflictiva esse potest.*

Konstitutionen[9]) und dem italienischen Recht seiner Zeit[10]) – bestimmt, daß die *poena extraordinaria* grundsätzlich unbeschränkt sei, also auch peinliche Strafen umfasse[11]), will er davon für die Verdachtstrafe nichts mehr wissen. In der ersten der *regulae* zur Verdachtstrafe heißt es bei ihm: *Reus de crimine leviori inculpatus et praesumptionibus violentis ac semiplena probatione gravatus, licet delictum neget pro arbitrio tamen iudicis puniri potest. . . . Quam tamen Regulam non absolute, sed cum grano salis accepi velim: Nempe ut locum habeat tantum modo in criminibus seu delictis levioribus quorum poena est arbitraria Carceris, Relegationis aut mulcta pecuniaria. Etenim si quis in graviorib. et atrocioribus delictis inquisitum ex praesumptionib. condemnare vellet, is absq., dubio a via juris multum aberraret, sed alia extant media, quibus veritas erui potest qualia sunt tortura et juramentum purgationis*[12]).

Legt das nicht den Schluß nahe, daß CARPZOV mit diesem Zugeständnis an die herrschende Meinung diese von der Rechtswidrigkeit dieser Art von *poena extraordinaria* ablenken wollte?

Schließlich versucht CARPZOV noch, die Verdachtstrafe durch einen Hinweis auf die Carolina zu rechtfertigen. Er zitiert aus dem Artikel 22: *Sol jemand zu peinlicher Straff verurtheilet werden, das muß auß eigen Bekennen oder Beweisung geschehen unnd nicht auf Vermuthung oder Anzeigen*[13]). Diese Argumentation ist zwar bis in das 19. Jahrhundert hinein zur Stützung der Verdachtstrafe immer wieder bemüht worden. Sie ist jedoch falsch, denn die Carolina hat nirgendwo an den Beweis für nicht-peinliche Strafen geringere Anforderungen gestellt als an den für eine peinliche Strafe. Sie hat sich insbesondere auch nicht für die Verurteilung zur nicht-peinlichen Strafe mit der bloßen Vermutung zufrieden gegeben, die ja nach ihrer Indizienlehre nicht einmal zur Folterung ausreichte.

Ein vollständiger Beweis dafür, daß CARPZOV die Verdachtstrafe im Bewußtsein ihrer Rechtswidrigkeit in das deutsche Strafprozeßrecht eingeschmuggelt hat, wird sich zwar nicht erbringen lassen. Dennoch scheint

---

9) Vgl. BERLICH a.a.O.

10) Vgl. FARINACIUS Buch I, Tit. III, Quäst. XVII sub 61. *Videmus in Principe tamen omnes poenae sunt arbitrariae etiam usque ad mortem.*

11) Vgl. Quäst. CXLII sub 22 und Quäst. XXV sub 1. *Iudicis officium est, non solum ob abtrocitatem delicti poenam exasperare sed et eandem, si res et circumstantiae hoc postulit, mitigare Omnia* n. *judicia hodie extraordinaria sunt.* Aufgabe des Richters ist es nicht nur wegen der Schwere des Verbrechens, die Strafe zu verschärfen, sondern auch sie zu mildern, wenn die Sache und die Umstände es erfordern. Alle Strafen sind heute *extraordinaria.* Anderer Ansicht: EB. SCHMIDT Einführung S. 158 und BOLDT S. 136

12) a.a.O. sub 51ff. Ein Angeklagter, der wegen eines leichteren Deliktes angeschuldigt und mit starken Vermutungen und halben Beweisen belastet ist, kann auch, wenn er seine Schuld abstreitet, nach dem Ermessen des Richters bestraft werden. . . . Ich will diese Regel aber nicht absolut, sondern nur cum grano salis verstanden wissen. Sie darf wirklich nur bei leichten Delikten Anwendung finden, die entweder mit Kerker oder mit Landesverweisung oder mit Geldstrafe gesühnt werden. Wenn nämlich jemand einen Inquisiten, gegen den wegen schwerer oder sehr schwerer Verbrechen inquiriert wird, auf Grund von Vermutungen verurteilen will, so weicht er damit ohne Zweifel vom Recht ab. Außerdem gibt es andere Wege, die Wahrheit zu erfahren wie z.B. die Tortur und den Reinigungseid.

13) Vgl. a.a.O. sub 54

diese Möglichkeit wahrscheinlicher zu sein als die Behauptung von HERTZ, die Rechtswidrigkeit der Verdachtstrafe habe von CARPZOV infolge seiner scholastischen Denkweise nicht erkannt werden können[14]), denn der Praktiker CARPZOV war – wie seine Erörterungen in den Practica beweisen – der scholastischen Denkweise durchaus nicht derart verhaftet wie HERTZ anzunehmen scheint.

Die allgemeinen Erörterungen CARPZOVS zur Verdachtstrafe finden ihre Anwendung sodann bei der Besprechung der einzelnen Delikte. So stimmt CARPZOV z.B. in der Quäst. LXXXI, die den Diebstahl behandelt, dem Artikel 53 Abs. 4 der Kursächsischen Konstitutionen von 1572 zu, nach dem ein Dieb, der zwar gestanden hatte, von dessen Schuld der Richter aber nicht überzeugt war, *mit Staupenschlägen allein ewig zu verweisen sei*[15]). In der Quäst. XV, in der der Mord abgehandelt wird, findet sich eine ähnliche Entscheidung des Schöffenstuhles Dresden vom Dezember 1625, der CARPZOV zustimmt, und die lautet: *Ob wol die Gefangene D. E. in zimlicher scharffer Frage erhalten, daß sie ihrem Kinde kein Leid gethan dieweil sie aber dennoch sich schwängern lassen und beydes die Schwängerung und Geburtszeit heimlich gehalten. So wird die Gefangene über die allbereit außgestandene Tortur noch uff drey oder vier Jahr deß Landes verwiesen*[16]).

Auffallend ist schon, daß CARPZOV an dieser Entscheidung nicht die Verletzung geltenden Rechtes durch den Schöffenstuhl in Dresden rügt. Diese bestand darin, nach ergebnisloser Tortur die Angeklagte als von allen Verdachtsmomenten gereinigt angesehen und freigesprochen werden mußte[17]). Eine Ansicht, die CARPZOV an anderer Stelle auch selber noch vertritt[18]). Aber abgesehen von dieser Unterlassung offenbart insbesondere das letzte Zitat den Charakter der Verdachtstrafe. Das bloße Verheimlichen von Schwängerung und Niederkunft einer unehelichen Mutter ist nach gemei-

---

[14]) HERTZ führt auf S. 66 aus, die Verdachtstrafe beruhe auf der Voraussetzung, daß die Wirklichkeit außer der Schuld und Unschuld des Angeklagten noch etwas Drittes in sich tragen könne, nämlich die Möglichkeit der Schuld. Der mittelalterlichen Strafrechtswissenschaft in ihrer scholastischen Denkweise sei es aber nicht möglich gewesen, zwischen der Objektivität von Schuld und Unschuld und der Subjektivität der bloßen Möglichkeit der Schuld zu differenzieren.

[15]) Sub 7. Den Beweiswert des erfolterten Geständnisses hielt CARPZOV, insoweit seiner Zeit voraus, nicht für bedeutend. Er begründet dies: *quia nemo est Dominus membrorum suum*. a.a.O. sub 2

[16]) sub 52

[17]) Vgl. DAMHOUDER Kap. XL sub 3: *Ex jure plene absolvendus erit, quod per exactam torturam ab omnibus indiciis et suspicionibus satis sit purgatus.* Nach klarem Recht wird er freizusprechen sein, weil er durch die vorgenommene Folter von allen Indizien und jedem Verdacht genügend gereinigt ist.

[18]) *Quando autem nihil fatetur in quaestione habita, sed negat simpliciter delictum, certe eo casu, quia purgata per tormenta indicia censentur omnino debet absolvi nec ulla prorsus poena coerceri.* Quäst. CXLII sub 6. Wenn aber in der Folter nichts gestanden wird, sondern (der Inquisit) die Tat leugnet, so soll ganz freigesprochen und keine Strafe verhängt werden, weil er als von den Indizien gereinigt angesehen wird. Vgl. auch Quäst. CXXV sub 4 mit weiteren Nachweisen.

nem Recht nie strafbar gewesen[19]). Zwar folgerte die Carolina im Artikel XCCCI aus einem derartigen Sachverhalt eine Vermutung gegen die Angeklagte. Doch *wo eyns solchen weibs schuld oder unschuld halb gezweifelt würd, so sollen die Richter und urtheyler bei den rechtsverstendigen radts pflegen.* Keine Rede also davon, daß die bloße Heimlichkeit schon zur Bestrafung ausgereicht hätte. Indem CARPZOV dennoch der Entscheidung des Dresdner Schöppenstuhls zustimmte, erklärte er sich damit einverstanden, daß die Angeklagte bei zweifelhafter Beweislage verurteilt werde, und zwar weil der Verdacht, sie habe ihr Kind womöglich doch ermordet, an ihr haften geblieben war. Die Zweifel, die nach dem Grundsatz i. d. p. r. ihren Freispruch hätten begründen müssen, begründeten hier die Verdachtstrafe. Diese war also das genaue Gegenteil unseres Grundsatzes.

Zwar finden sich auch bei CARPZOV einige Stellen, die auf den ersten Blick als Ausdruck unseres Grundsatzes gewertet werden könnten. So sagt er z. B. zum Abschluß seiner Indizienlehre: *Hoc certissimum est, quod praesumptio non delicti excludat praesumptionem delicti. Et quod in dubio semper in mitiorem partem sit praesumendum*[20]).

Diese Sätze sind jedoch schon in sich widersprüchlich. Stehen sich eine Vermutung der Schuld und eine der Unschuld in einem konkreten Einzelfall gegenüber, so bestehen Zweifel sowohl an der Schuld als auch an der Unschuld des Täters. Wenn CARPZOV im ersten Satz sagt, die Unschuldvermutung schließe die Schuldvermutung in diesem Fall aus, so müßte das also heißen, daß in diesem Zweifelsfall freigesprochen, also i. d. p. r. entschieden werden solle. CARPZOV aber sagt im nächsten Satz nicht etwa, es solle *in dubio* freigesprochen werden, sondern er will den *mitior pars* vorziehen. Was das aber ist, daran kann nach den oben zitierten Erörterungen CARPZOVS in der CXVI. Quästio und dem von ihm geschilderten Fall der Kindestötung kein Zweifel bestehen, die Verdachtstrafe nämlich.

Da diese, wie CARPZOV selber meint[21]), milder sein müsse als die ordentliche Strafe, kann er sich zur Stützung seiner Ansicht auf den Wortlaut des alten gemeinrechtlichen Satzes *in dubio mitior* berufen. Jedoch nur auf dessen Wortlaut, denn inhaltlich betraf dieser Satz ursprünglich eine ganz andere Situation. Er wurde angewendet, wenn eine Gesetzeslücke und nicht wenn Zweifel vorlagen. Das Fehlen der gesetzlichen Strafandrohung wurde dem Angeklagten in Befolgung dieses Satzes mit Strafmilderung honoriert, nicht aber der Zweifel des Richters an seiner Schuld[22]).

Unserem Grundsatz ähnlicher als das soeben angeführte Zitat sind einige Sätze aus der CXLII. Quästio, in der CARPZOV sich mit der Strafmilderung

---

[19]) Erst das ALR poenalisierte die bloße Verheimlichung, sofern das Kind tot geboren wurde, mit 4–6jähriger Zuchthausstrafe. Vgl. § 957. II. 20

[20]) Dies ist ganz sicher, daß nämlich die Vermutung, ein Delikt läge nicht vor, jene, nach der ein Delikt vorliegt, ausschließt und daß im Zweifel immer das mildere zu vermuten ist. Quäst. CXXIII sub 69. Diese Sentenz bezeichnet MOSER (S. 25) als Ausdruck des Gedankens i. d. p. r.

[21]) Siehe oben S. 48

[22]) Zum Bedeutungswandel dieses Satzes vgl. unten S. 56

beschäftigt[23]). Es heißt dort: *Ex priori fundamento et hoc profluit, quod ne quidem ex insufficienti probatione ad poenam aliquam extraordinariam devenire liceat . . . Si enim probatio sufficiens non est, ut Titius occaditur nec sufficiens erit ut ad triremes aut carceres perpetuos, vel alio modo condemnetur quoniam in poenis requiritur probatio liquidissima, ubi non distinguitur an mortis, vel exilii aliare similis poena veniat imponenda*[24]).

Aus diesen Sätzen könnte an sich geschlossen werden, daß CARPZOV zur Verurteilung in die *poena extraordinaria* einen vollen Beweis voraussetzt, und daß er – sollte ein solcher nicht zu erlangen sein – eher freisprechen als verurteilen, also in dubio pro reo entscheiden wollte.

Angesichts der Tatsache, daß CARPZOV unter dem Begriff *poena extraordinaria* nicht nur die Verdachtstrafe, sondern auch die alte *poena extraordinaria* – ja an einer Stelle sogar jede Strafe[25]) – zusammenfaßte, müßte diesem seinem Bekenntnis zum i. d. p. r. eine für unsere Untersuchung überragende Bedeutung beigemessen werden, wenn nicht auch sie in so krassem Widerspruch zu den oben zitierten Sätzen aus der CXVI. Quästio und den Fällen von Verdachtstrafen stünde, die sich bei CARPZOV finden. Dieser Widerspruch läßt sich nur lösen, wenn man annimmt, daß CARPZOV hier unter dem Begriff *poena extraordinaria* wiederum nur diejenige außergesetzliche Strafe meinte, die verhängt werden konnte, wenn der Richter eine Tat für strafwürdig hielt, es ihm jedoch an einem passenden Strafgesetz fehlte. Daß diese Strafe jedoch den vollen Beweis der Tat voraussetzte, war im gemeinen Recht schon geraume Zeit vor CARPZOV anerkannt[26]).

Wenn MOSER[27]) der Meinung ist, CARPZOV habe unseren Grundsatz bei der Gesetzesauslegung angewendet wissen wollen, so ist daran nur so viel richtig, daß CARPZOV und mit ihm andere Vertreter des gemeinen Rechtes sich bemüht haben, die harten Strafen der Carolina in einigen Fällen zu vermeiden. *Notandum autem est, quod in favorem defensionis multa admittantur, quae regulis Juris alias contrariari videntur*[28]), und daß dieser *favor defensionis* in einigen Fällen, aber keineswegs in allen, an einen Zweifel geknüpft worden ist. So heißt es z. B., daß die Todesstrafe für Ehebruch nicht auszusprechen wäre, wenn zweifelhaft wäre, ob die Ehebrecherin sich mehreren hingegeben

---

[23]) *An et quando poenam alicuius delicti ordinariam mitigare ac in mitiorem quandam poenam commutare possit.*

[24]) a. a. O. sub 8. Aus dem zuvor Gesagten und hieraus ergibt sich, daß niemand auf Grund ungenügender Beweise zu irgendeiner *poena extraordinaria* gelangen darf. . . . Wenn nämlich ein Beweis für die Annahme einer Tötung nicht genügend ist, dann wird er auch nicht für die Bestrafung zum Galeerendienst oder zu lebenslänglicher Kerkerhaft oder zu irgendeiner anderen Strafe genügend sein, weil zu jeder Bestrafung klarste Beweise erforderlich sind und nicht unterschieden wird, ob die Todesstrafe, das Exil, oder eine andere ähnliche Strafe verhängt wird.

[25]) Vgl. oben S. 48

[26]) Vgl. oben S. 39

[27]) Vgl. S. 25

[28]) Es ist zu bemerken, daß zugunsten der Verteidigung vieles zugelassen wird, was anderen gesetzlichen Regelungen zu widersprechen scheint. Vgl. Quäst. CXV sub 74

hätte, denn sie galt dann nach herrschender Meinung nicht mehr als Ehefrau, deren Ehe noch zu brechen gewesen wäre[29]).

Diese vereinzelten Entscheidungen sind jedoch nur mehr Anklänge an alte humane Tendenzen in der Strafverfolgung, die unter dem Eindruck der Hexenverfolgungen und der allgemeinen Verschärfung und Intensivierung der Strafverfolgung bei CARPZOV kaum noch Beachtung gefunden haben.

b) Dennoch erwuchs CARPZOV und der von ihm gutgeheißenen Art der Strafverfolgung schon im 17. Jahrhundert ein, wenn auch nicht an Bedeutung, so doch an Gedankenschärfe und Eloquenz weit überlegener Gegner, der Holländer ANTONIUS MATTHAEUS[30]). Schon die Aufteilung seines Werkes, des neun Jahre nach CARPZOVS Practica erschienenen Kommentars zum 47. und 48. Buch der Digesten, erweist ihn als überlegenen Dogmatiker. Das »De criminibus« von MATTHAEUS enthält zum ersten Male in der Geschichte des Straf- und Strafprozeßrechts in den sog. Prolegomena einen systematisch geordneten Allgemeinen Teil[31]). In diesen Prolegomena erörtert MATTHAEUS u. a. die Zurechnungsfähigkeit und die Möglichkeit von Zweifeln daran und sagt dann abschließend hierzu: *Accedit, quod et alioquin in dubio satius sit, nocentem absolvere quam innocentem condemnare*[32]).

Zum zweiten Male[33]), seitdem wir sie verfolgen, wird hier die TRAJANsentenz an die Voraussetzung des Zweifels geknüpft und so zum Ausdruck unseres Grundsatzes erhoben.

Wiewohl wir das i.d.p.r. bei MATTHAEUS im Allgemeinen Teil finden, läßt sich daraus doch noch nicht die Folgerung herleiten[34], er habe es als Grundsatz des Strafprozeßrechtes, d.h. bei allen Zweifelsentscheidungen, angewendet wissen wollen. Bezeichnenderweise findet sich das i. d. p. r. nämlich weder in seiner Indizienlehre[35]) noch bei der Erörterung der Gesetzesauslegung[36]) noch bei der Besprechung des Beweisverfahrens. Dort heißt es zwar unter dem Titel *De probatione innocentiae. Constat proniora iura esse ad liberandum quam ad condemnandum: Satius esse nocentem absolvi quam innocentem condemnari*[37]).

Mit unserem Grundsatz hat dieses Zitat jedoch direkt nichts zu tun, denn es bezieht sich nicht auf den Zweifel. Immerhin zeugt es jedoch von einer

---

[29]) Vgl. CARPZOV Quäst. LVII sub 30

[30]) geboren 1601, gestorben 1654. M. war Professor in Utrecht, vgl. EB. SCHMIDT Einführung S. 152; SCHLÜTER S. 6ff.

[31]) Zwar ist MATTHAEUS wohl nicht der »Schöpfer des Allgemeinen Teils« (SCHLÜTER S. 21) aber seine Prolegomena sind ein erstmalig nach strafrechtlich-dogmatischen Gesichtspunkten geordneter Allgemeiner Teil, vgl. SCHAFFSTEIN S. 31

[32]) Prol., Cap. II sub 6. Es kommt hinzu, daß es wirklich im Zweifel besser ist, den Schuldigen freizusprechen als den Unschuldigen zu verurteilen.

[33]) Zum ersten Mal bei GANDINUS und ARETINUS.

[34]) Vgl. aber MOSER S. 24

[35]) Vgl. S. 709ff.

[36]) Vgl. S. 790ff.

[37]) Vgl. S. 695 sub 3. Es steht fest, daß das Recht der Freisprechung mehr zugeneigt ist als der Verurteilung. Es ist besser, den Schuldigen freizusprechen als den Unschuldigen zu verurteilen.

Einstellung gegenüber dem Angeklagten, die an die Traditionen des frühen gemeinen Rechtes anknüpft und von der CARPZOVS wohltuend abweicht.

Ein weiterer Beweis für diese Einstellung des MATTHAEUS sind seine klaren und scharfen Stellungnahmen gegen die Verdachtstrafe und gegen die absolutio ab instantia. Zur Verdachtstrafe sagt MATTHAEUS: *Aut crimen probatum est argumentis, aut non probatum est. Si probatum est, nulla causa est, cur ordinaria poena infligi non debeat. Si non probatum est, nullus puniendi locus relinquitur, sed aut in reum amplius inquirendum, aut sententia iudiciis absolvendus est*[38]).

Wie wir noch sehen werden, hatten selbst die großen Wissenschaftler des 19. Jahrhunderts dieser Argumentation nichts mehr hinzuzufügen.

Die sog. absolutio ab instantia, die allerdings auch noch von CARPZOV abgelehnt worden war[39]), die dann aber durch BRUNNEMANN[40]) aus dem italienischen Recht[41]) in das deutsche Strafprozeßrecht übernommen worden war, lehnt MATTHAEUS mit folgenden Worten ab: *Si idcirco absolvetur reus quod in probando defecerit accusator non a crimine sed ab instantia absolvitur. At si reus contra innocentiam ostenderit non solum ab instantia sed etiam a crimine absolvitur. Quanquam absolvatur uterque et qui convictus ab accusatore non est, et qui innocentem se probavit utilius tamen longe et honestius esse innocentiam docere quam tacere quoniam qui tacet dubium relinquit in animis hominum an nocens fuerit*[42]).

Diese Sätze beweisen einmal, daß die absolutio ab instantia wie die Verdachtstrafe ihrem Wesen nach das krasse Gegenteil unseres Grundsatzes darstellt. Der Zweifel nämlich, von dem MATTHAEUS hier sagt, daß er beim Ausspruch der absolutio ab instantia im Herzen Dritter zurückbleibe, ist der eigentliche Grund für den Ausspruch jener absolutio ab instantia: Eben weil die völlige Unschuld des Angeklagten zweifelhaft bleibt, wird er nicht wirklich freigesprochen, sondern von der weiteren Verfolgung nur quasi verschont.

Zum anderen beweist aber auch die Art, in der MATTHAEUS hier argumentiert, daß er das i. d. p. r., das er in seinen Prolegomena erwähnt, selber nicht als einen das gesamte Strafprozeßrecht beherrschenden Grundsatz ange-

---

[38]) S. 696 sub 4. Entweder ist eine strafbare Handlung begründet bewiesen oder sie ist es nicht. Wenn sie bewiesen ist, gibt es gar keinen Grund, sie nicht mit der gesetzlich dafür vorgesehenen Strafe zu belegen. Ist sie aber nicht bewiesen, so ist nichts vorhanden, auf das eine Bestrafung gestützt werden könnte. Hier muß entweder weiter ermittelt oder aber freigesprochen werden.

[39]) Vgl. Quäst. CXXV sub 6

[40]) Vgl. unten S. 54

[41]) Vgl. v. HIPPEL S. 230 Anm. 3; BAUER Abhandlungen Bd. II, S. 300 mit weiteren Nachweisen, schließlich ALLMANN S. 13 f.

[42]) S. 695 ff. Wenn der Angeklagte freigesprochen wird, weil der Ankläger im Beweis unterliegt, so wird er nicht vom Verbrechen, sondern von der Instanz freigesprochen. Wenn aber der Angeklagte seine Unschuld beweist, so wird er nicht nur von der Instanz, sondern von der Tat freigesprochen. Obgleich beide freigesprochen werden, sowohl derjenige, der vom Ankläger nicht überführt worden ist, wie derjenige, der seine Unschuld bewiesen hat, ist es doch auf lange Sicht nützlicher und ehrenhafter, die Unschuld auszusprechen als sie zu verschweigen. Wer nämlich schweigt, läßt den Zweifel im Herzen der Menschen bestehen, ob der Angeklagte nicht doch schuldig gewesen sei.

sehen haben kann. Er hätte es sich doch sonst nicht entgehen lassen, mit Hilfe dieses Grundsatzes die absolutio ab instantia als rechtswidrig zu brandmarken. Stattdessen sieht er sich hier genötigt, auf den dem Strafprozeßrecht doch sehr fremden Begriff der Ehre als Argument zurückzugreifen. So kann also auch MATTHAEUS nicht als derjenige bezeichnet werden, der dem i. d. p. r. zu seiner Anerkennung als strafprozessualem Grundsatz verholfen hätte.[43])

c) Vier Jahre nach dem Erscheinen des Kommentars von MATTHAEUS veröffentlichte der Frankfurter Professor der Theologie und Jurisprudenz JOHANN BRUNNEMANN seinen »Tractatus Juridicus de Inquisitionis Processu«[44]). Dieses insbesondere in Nord- und Ostdeutschland zu seiner Zeit viel benutzte Werk[45]) hat mehr den Charakter eines Handbuches für Richter als den eines wissenschaftlichen Werkes. Entsprechend dieser Zweckbestimmung bemüht sich BRUNNEMANN insbesondere, den Richter von starren Beweisregeln zu befreien und ihm mehr Bewegungsfreiheit bei der Beweiswürdigung zu verschaffen. Auch die Stellung des Angeklagten wird durchaus verbessert[46]). Schließlich steht auch BRUNNEMANN wie vor ihm schon CARPZOV dem Wert der Folter als Erkenntnismittel jedenfalls skeptisch gegenüber; er will sie nur als subsidiäres Mittel der Wahrheitserforschung angewendet wissen[47]). Trotz und alledem: Eine Erwähnung des Zweifels oder gar eine Entscheidung i. d. p. r. findet sich in diesem Werk BRUNNEMANNS nirgends. Im Gegenteil, BRUNNEMANN ist der erste deutsche Autor von Rang, der die absolutio ab instantia bejaht und damit in das deutsche Strafprozeßrecht einführt: ... *ubi ob defectum idoneorum et sufficientium indiciorum reus absolvitur ab hac Inquisitione sed denuo inquiri potest novis accedentibus indiciis: absolutio a causa est, quando reus probata sua innocentia plene absolvitur a crimine ipso et reatu*[48]).

Da sich in dieser Freisprechung von der Instanz jedoch, wie oben dargelegt, eine Entscheidung in dubio contra reum verbirgt, kann auch BRUNNE-

---

[43]) So auch SCHLÜTER S. 61

[44]) Geboren am 7. 4. 1608, gestorben 1672 in Frankfurt/Oder.

[45]) Vgl. EB. SCHMIDT Einführung S. 152; v. BAR S. 145 Anm. 589

[46]) Vgl. Caput VIII, membrum III. So kann dieser z.B. unter Berufung auf einen Rezeß JOACHIM FRIEDRICHS von Preußen aus dem Jahre 1602 die Durchführung des gegen ihn gerichteten Verfahrens im Akkusationsprozeß verlangen. BRUNNEMANN will diese Möglichkeit aber ausgeschaltet wissen, wenn es um schwere Delikte, also um peinliche Fälle, geht.

[47]) Vgl. Caput VIII, membrum V sub 11. *Praesuppono autem torturam esse subsidiarium tantum remedium inquirendae veritatis.*

[48]) Vgl. Caput IX, membrum I sub 1. Wo wegen des Fehlens geeigneter und ausreichender Indizien der Angeklagte von dieser Inquisition freigesprochen wird aber von neuem inquiriert werden kann, wenn neue Indizien vorliegen. Von der Sache wird freigesprochen, wenn der Angeklagte seine Unschuld klar bewiesen hat. ALLMANN meint (S. 44), bereits CARPZOV habe die absolutio ab instantia in Quäst. CXXV sub 8 bejaht. CARPZOV begründet an dieser Stelle jedoch nur seine zuvor geäußerte Ansicht, wonach die Strafverfolgung *propter novam qualitatem antea non deductam* wieder aufgenommen werden dürfe. Damit wollte CARPZOV die weitere Strafverfolgung eines Freigesprochenen – ausnahmsweise – zulassen, wenn sich herausstellte, daß dieser ein anderes Delikt begangen hatte. Darin liegt aber keine absolutio ab instantia.

MANN nicht als Wegbereiter für unseren Grundsatz angesehen werden. Diese Ansicht wird bestätigt durch seine Kommentierung der Pandekten. Obwohl sich in den Pandekten ja mehrere Sentenzen finden, die auf das i.d.p.r. jedenfalls hinweisen[49]), hat BRUNNEMANN den Gedanken unseres Grundsatzes auch hier nicht ausgesprochen, sondern sich im Gegenteil allen Begünstigungen des Angeklagten gegenüber recht reserviert verhalten. So will er z.B. die HERMOGENIANsentenz (D. 48, 19, 42)[50]) bei schwereren Vergehen oder bei gesetzlich festgelegten Strafen nicht gelten lassen[51]).

d) Im gleichen Jahr wie BRUNNEMANNS Pandektenkommentar, 1670, erschien der Kommentar des BLUMBLACHER zur Carolina. Und hier findet sich nun zum zweiten Male seit MATTHAEUS unser Grundsatz in klarer und bestimmter Form ausgesprochen. Hinzu kommt, daß BLUMBLACHER ihn an einer Zentralstelle des Strafprozeßrechtes, bei der Erörterung der Folter nämlich, ausspricht und ihm auf diese Weise fast grundsätzlich zu nennende Bedeutung beimißt. In der Besprechung des Artikel 28 der Carolina heißt es: *Wann aber theils Anzeigungen für den Gefangenen und theils wider denselben seyn, so muß man in dubio den milderen Weg ergreiffen und die Tortur unterlassen*[52]).

Damit wäre eine Bestrafung nach BLUMBLACHER in zweifelhaften Fällen ausgeschlossen, denn die Verdachtstrafe kannte er nicht. Schon diese Tatsache deutet jedoch darauf hin, daß er sich offenbar weder gründlich genug mit der Praxis seiner Zeit auseinandergesetzt, noch auf diese einen nennenswerten Einfluß gehabt haben kann.

e) Diese Praxis des späten 17. Jahrhunderts war bestimmt von der Verdachtstrafe[53]) und der absolutio ab instantia, sie stand zudem völlig im Banne CARPZOVS. Wenn sich dennoch in dieser Zeit der wahnwitzigen Hexenverfolgungen Wissenschaftler wie ANTONIUS MATTHAEUS und der zwar weniger bedeutsame BLUMBLACHER bereit fanden, die Gedanken des frühen gemeinen Rechtes wieder aufzugreifen und sogar zum i.d.p.r. weiterzubilden, so zeugt diese Tatsache von ihrem Mut und kritischem Denkvermögen, Bedeutung für die Praxis dürften sie im 17. Jahrhundert jedoch nicht gehabt haben.

---

[49]) Vgl. oben S. 2 ff.
Eine Kommentierung der Titel 16 und 17 des 50. Buches fehlt allerdings bei BRUNNEMANN.

[50]) Vgl. oben S. 4

[51]) S. 44. *Interpretatione legum potius molliendae sunt quam exasperendae. Quod limitari solet ut non habeat locum in gravioribus delictis nec ubi in poenis dictatis exprimitur ratio.*

[52]) S. 97, auch KUSCH ist der Ansicht, BLUMBLACHER habe das i.d.p.r. angewendet wissen wollen (S. 128). Wie sich aus der von ihm zum Beweise dieser Behauptung zitierten Stelle – Art. 137, 6 – jedoch ergibt, verwechselt KUSCH das i.d.p.r. mit dem *in dubio mitior* vor-CARPZOVscher Prägung, vgl. oben S. 50

[53]) Vgl. die Beispiele bei v. BAR S. 149, 150

2) Entwicklung im 18. Jahrhundert

a) Im beginnenden 18. Jahrhundert taucht in einer Konsiliensammlung das *in dubio mitior* wieder auf. In den Consilia des Barons und Ritters DE LYNCKER[54]) steht in einem Responsum folgender Sachverhalt zur Debatte: Lorentz Koppen hat die Rosina Buchner, die ein Kind von ihm erwartete, mit einem Knüppel hinterrücks auf den Kopf geschlagen mit der Absicht, sie zu töten. Er hat dann aber von ihr abgelassen und sie gerettet. Sie wurde schwer verletzt. Er wurde des Mordversuchs bezichtigt. In den *rationes dubitandi* wird bezweifelt, ob hier die Todesstrafe für Mord verhängt oder ob nicht nur wegen schwerer Körperverletzung bestraft werden könne. Verurteilt wurde wegen Körperverletzung und in den Gründen wurde dazu erklärt, daß *in dubio in mitiorem partem transeundum est*[55]). Aus dieser Entscheidung spricht jedoch nicht die Anwendung unseres Grundsatzes, sondern nur das Bemühen, den Angeklagten der grauenhaften Strafe des Rades zu entziehen. Dieses Bemühen, zu dessen Kennzeichnung sich kurz nach CARPZOV der Satz *in dubio mitior* eingebürgert hatte, ist mit unserem Grundsatz nur in der Absicht, den Angeklagten zu begünstigen, verwandt. Es ging hier nicht um einen echten Zweifel im Beweisverfahren, sondern um ein dubium, das konstruiert wurde, um die gesetzliche Strafe zu umgehen[56]).

b) Doch auch der Gedanke unseres Grundsatzes findet im beginnenden 18. Jahrhundert, wenn auch wieder in sehr vorsichtiger Form, seinen Ausdruck. Der zu seiner Zeit in sehr großem Ansehen stehende J. F. LUDOVICI schreibt in seinem Kommentar zur Carolina in den Erläuterungen zu Artikel 28: *Videtur quod in causa ita dubia juris periti semper ad absolutionem potius quam ad condemnationem inclinare debeant, etiamsi plures sint testes contra inquisitum quem pro inquisitio*[57]).

c) Auch der von den Rechtshistorikern so abfällig beurteilte Commentarius des FRÖLICH DE FRÖLICHSBURG ist aus der Sicht dieser Untersuchung so lächerlich nicht. Zur Frage der Anwendbarkeit der Tortur heißt es dort, sie dürfe nur angewendet werden, wenn die Richter *gleichsam bewegt werden möchten zu glauben der Mensch könne nicht wohl unschuldig seyn sondern es seye gleichsam unfehlbar, er müsse die That begangen haben*[58]). Damit verlangt FRÖLICH nicht weniger als die volle Überzeugung von der Täterschaft des Angeklagten als Voraussetzung der Folter. Zwar vollzieht auch er den letzten Schritt zum i. d. p. r. wiederum nicht, weil er es unterläßt, überhaupt auf die Grenzsituation des Zweifels einzugehen. Immerhin dürfte er aber der erste Schrift-

---

[54]) Vgl. dazu LANDSBERG I S. 150

[55]) Resp. CXXVII

[56]) Vgl. zur Bedeutung dieses Satzes vor CARPZOV oben S. 50

[57]) S. 28. Es ist klar, daß in einem solchen nach den erprobten Gesetzen zweifelhaften Fall mehr Neigung zum Freispruch als zur Verurteilung bestehen soll, und zwar auch, wenn mehr Zeugen gegen den Inquisiten aussagen als für ihn.

[58]) 3. Buch 8. Titel sub 14

steller sein, der sich völlig vom Indiziensystem löst und dem Richter die freie Überzeugungsbildung zumutet.[59])

Freilich, viel Widerhall haben weder FRÖLICH noch LUDOVICI mit ihren Ansichten gefunden, denn am Ende der von CARPZOV beeinflußten Ära des gemeinen Rechtes, zu dem wir nunmehr gelangt sind, stehen zwei Wissenschaftler, die zwar die verblassende Autorität CARPZOVS durch ihre eigene ersetzen, die aber wie CARPZOV weder auf die Verdachtstrafe noch auf die absolutio ab instantia verzichten zu können glaubten.

d) Der erste dieser beiden ist JOHANN PAUL KRESS, dessen Carolinakommentar indes für unsere Untersuchung nicht ergiebig ist, da KRESS sich darin peinlich genau an den Wortlaut der Carolina hält und diese, wie oben ausgeführt, die Zweifelssituation anders, als unser Grundsatz es vorschreibt, löst[60]).

e) Der zweite und zudem ungleich bedeutendere dieser beiden Wissenschaftler ist J. S. F. v. BOEHMER, der im Jahre 1732 seine »Elementa Iurisprudentiae Criminalis« veröffentlichte. Dieses erste Lehrbuch des deutschen Strafrechts trug BOEHMER die ehrenvolle Bezeichnung eines *Binding des 18. Jahrhunderts*[61]) ein. Sie scheint sich jedoch ausschließlich auf die materiellstrafrechtlichen Erkenntnisse BOEHMERS zu beziehen. Denn was er zum Strafprozeßrecht hier und anderen Ortes zu sagen weiß, bewegt sich durchaus in den Geleisen CARPZOVS.

Oberste Maxime für BOEHMER ist die *salus publica*, das öffentliche Wohl[62]). Sie beherrscht bei ihm sogar das Beweisverfahren. Im Kapital XI der Elementa heißt es unter dem Titel *De Probatione Criminum: Suspicitur ergo probatio omnium criminum propter poenam quae, quia reo summum praeiudicium infert, simul tamen ad conservandum salutem publicam, quae suprema lex est, multum confert inde circa hoc caput duae praepositiones notandae: probationem debere esse luce meridiana clariorem* . . .[64]). Was aber BOEHMER unter dieser Anforderung an die Qualität des Beweises versteht und wie sie geschaffen werden soll, das erfahren wir sogleich: *Ex illa fluit, poenam determinatam in delictis locum non habere quamdiu aliquod dubium circa superest, set potius hoc casu ad torturam vel aliud eruendae veritatis remedium confugiendum esse*[65]).

Wenn also irgend etwas noch zweifelhaft blieb, dann wurde gefoltert. Daß

---

[59]) KUSCH folgert auch hier wieder aus der Tatsache, daß für freie Beweiswürdigung plädiert wurde, es sei auch die Anwendung des i.d.p.r. gefordert worden (S. 160). Zu diesem Schluß vergl. oben S. 8, Anm. 11

[60]) Die einzige Abweichung von der Carolina, die sich bei KRESS findet, besteht darin, daß er in den Erläuterungen zu Art. CXCIX die absolutio ab instantia bejaht.

[61]) EB. SCHMIDT Einführung S. 152

[62]) Vgl. BOLDT S. 140

[64]) Sect. I sub § CLXXXIX. Daher wird der Beweis aller Verbrechen unter dem Blickwinkel der Strafe gesehen, die, weil sie den Angeklagten mit dem stärksten Präjudiz belastet, zugleich zur Wahrung des öffentlichen Wohles, das oberste Maxime ist, viel beiträgt. Daher sind unter diesem Titel zwei Voraussetzungen bemerkenswert: Der Beweis soll klar sein wie das Mittagslicht . . .

[65]) a.a.O. § CXC. Daraus folgt: Eine Strafe darf solange nicht festgesetzt werden wie noch irgendein Zweifel an dem Verbrechen ist. Vielmehr soll in diesem Fall zur Tortur oder zu anderen Mitteln der Wahrheitsermittlung gegriffen werden.

damit auf die Dauer sicher Beweise bewirkt werden konnten, die *luce meridiana clariores* waren, liegt ebensosehr auf der Hand wie die Tatsache, daß BOEHMER mit dieser Ansicht nicht nur alle Anstrengungen ignorierte, die seit Erlaß der Carolina zur Verbesserung der Stellung des Angeklagten gemacht worden waren, sondern daß er sich damit auch in Widerspruch zur Carolina setzte, denn diese forderte zur Folterung ja zweifelsfrei bewiesene Indizien.

Für sich betrachtet könnte der eben zitierte erste Satz BOEHMERS den Eindruck erwecken, als habe dieser jedenfalls jede direkte Verurteilung auf Grund eines noch zweifelhaften Sachverhaltes, also insbesondere die Verdachtstrafe und die absolutio ab instantia abgelehnt, als sei er wenigstens insoweit weiter fortgeschritten als seine Vorgänger. Beides ist jedoch nicht der Fall. In den 1759 erschienenen Observationes zu CARPZOVS Practica geht BOEHMER auch kurz auf den oben geschilderten, vom Schöffenstuhl Dresden entschiedenen Fall ein, den wir als eklatantes Beispiel einer Verdachtstrafe kennengelernt hatten: *Unde non video ... quod ... rationabile contra culpam dubium moveri possit*[66]). An der Schuld einer Frau, die heimlich gebiert und deren Kind dann auf ungeklärte Art und Weise umkommt, kann jedoch nur dann kein Zweifel bestehen, wenn man Verdacht und Schuld gleichsetzt, und das tut BOEHMER hier offensichtlich ebensosehr wie CARPZOV es getan hat.

In den 1770 erschienenen Meditationes zur Carolina weist BOEHMER zwar darauf hin, daß der *pudor naturalis*[67]) sehr wohl ein Entschuldigungsgrund für das heimliche Gebären sein könne[68]). Dennoch findet sich gerade in diesem Werk wieder ein eindeutiger Fall einer Verdachtstrafe: *Si mater tam animum necandi, tam necem confessa, sed de vita non constet, distinguendum puto utrum hanc sub cruciatibus pure negaverit an tantum ignorantiam per torturam confirmaverit, an vita aliunde dubia sit, nec rea desuper directo torqueri potuerit? Priori casu, quia partus iuridice pro mortuo habetur tortura vero effectum habere debet, quasi ex imperfecto flagitio et saevitia in cadaver commissa arbitrariam poenam sustinet*[69]).

Während CARPZOV, indem er die Bestrafung der unehelichen Mutter nicht durch andere Gründe zu rechtfertigen suchte, wenigstens indirekt deren Charakter als Verdachtstrafe zugegeben hatte, scheut BOEHMER sich sogar vor einem derartigen auch nur indirekten Zugeständnis. Es kann

---

[66]) Obs. V ad Quäst. XV. Wo ich nicht sehe, was vernünftigerweise an deren Schuld bezweifelt werden kann.

[67]) Die natürliche Scham.

[68]) Zu Art. 131 § XLII

[69]) Art. CXXXI, § LV. Wenn die Mutter nicht nur den Tötungsvorsatz, sondern auch die Tötungshandlung gestanden hat, aber nicht feststeht, ob das Kind je gelebt hat, glaube ich unterscheiden zu müssen: Einmal daß sie unter der Folter eindeutig verneint hat, zum anderen, daß sie ihre Unwissenheit durch die Tortur bestätigt hat, zum letzten, daß das Leben (des Kindes) auf andere Art zweifelhaft ist. Ob dann nicht die Angeklagte von neuem gefoltert werden darf? Im ersten Fall wird, weil das Kind juristisch für tot gehalten wird, die Tortur aber die Wahrheit ergeben soll, gleichsam aus unvollendetem Verbrechen auch die arbiträre Strafe der Leichenschändung verhängt.

jedoch keinem Zweifel unterliegen, daß eine Bestrafung wegen Leichenschändung hier schon vom Sachverhalt her ausgeschlossen ist, denn die Vornahme einer Tötungshandlung an einem vermeintlich lebendigen Menschen war auch nach dem gemeinen Recht zu Zeiten BOEHMERS keine Leichenschändung. Wenn BOEHMER dennoch für diesen Fall ausdrücklich die Möglichkeit einer solchen Bestrafung aufführt, so kann daraus nur geschlossen werden, daß der wahre Grund für die Bestrafung der Mutter nicht die Tötungsabsicht und die Tötungshandlung, sondern der Mordverdacht war, und daß BOEHMER von der Leichenschändung nur gesprochen hat, um den wahren Charakter der Strafe als Verdachtstrafe zu verbergen.

In ähnlich wenig überzeugender Weise wie diese Verdachtstrafe begründet BOEHMER in den Meditationes auch die absolutio ab instantia, indem er sie aus Artikel 99 der Carolina herleitet[70]). Dieser lautet: *Item würdt aber der beklagt mit urtheyl und recht ledig erkennt, mit waß mass das gescheh, und die urtheyl anzeygen würde, dem solt wie sich gebürt auch gefolgt und nachgegangen werden. Aber des abtrags halb, so der ledig erkant als kläger begern würd, sollen die theyl als dann zu entlichem burgerlichem rechten . . . gehalten werden.*

Aus dem Zwischensatz *mit waß mass das gescheh* läßt sich nun keineswegs, wie BOEHMER behauptet, folgern, schon die Carolina habe verschiedene Arten des Freispruches gekannt. Der Carolina geht es hier vielmehr um den *abtrag*, d.h. den Schadensersatz und das Schmerzensgeld, die der Kläger im Akkusationsprozeß dem Angeklagten gemäß Artikel 12 CCC zu zahlen hatte, wenn dieser freigesprochen werden mußte, die Anklage sich also als haltlos erwiesen hatte. In dem freisprechenden Urteil wurde das *mass* dieses *abtrags* festgesetzt.[71]) Schon die Tatsachen, daß BOEHMER die beiden, unserem Grundsatz entgegengesetzten Begriffe der Verdachtstrafe und der absolutia ab instantia akzeptierte und anwendete, begründet die Vermutung, daß er das i.d.p.r. nicht angewendet wissen wollte. Tatsächlich findet unser Grundsatz in seinen Werken auch keinen Ausdruck. Das verwundert allerdings nicht, wenn man sich vor Augen hält, daß BOEHMER einer Begünstigung des Angeklagten grundsätzlich nur insoweit zustimmte, als sie die übergeordnete *salus publica* nicht betraf: *Nec favor reorum tantus est, ut salutem publicam vincat.*[72]) Jede Entscheidung i.d.p.r. aber verletzt das Interesse der Allgemeinheit an der Strafverfolgung, denn sie enthält das Risiko, daß ein Schuldiger ungestraft bleibt.

f) Die Entwicklung des Strafprozeßrechtes in der Zeit nach BOEHMER, also dem letzten Drittel des 18. Jahrhunderts, stand ganz unter dessen Einfluß. Dennoch finden sich auch in dieser Zeit wieder Anklänge an die alte Tradition der Begünstigung des Angeklagten, wie sie zuletzt ANTONIUS MATTHAEUS und BLUMBLACHER befürwortet hatten.

So z.B. bei CHRISTIAN FRIEDRICH GEORG MEISTER; in seinen Gutachten

---

[70]) Art. XCIX, § II. In den Observationes wird die absolutio ab instantia in Obs. II zu Quäst. CXXV bejaht.

[71]) vgl. hierzu SCHOLZ in Neues Archiv des Criminalrechts Bd. XV S. 401 f.

[72]) Med. zu Art. XLVII, § VII. Die Begünstigung des Angeklagten geht nur soweit, als dadurch das öffentliche Interesse nicht berührt wird.

heißt es in den *rationes dubitandi* zu einem Fall, in dem bei einem Kindesmord der Vorsatz zweifelhaft geblieben war: *In welchem Zusammenlaufe widriger Vermuthungen also diejenigen, welche den bösen Vorsatz ablehnen wegen der vorzüglichen Rechtsgunst der Unschuld . . . den Vorzug verdienen*[73]).

Im Zweifel soll also für den Angeklagten entschieden, d.h. unser Grundsatz angewendet werden, weil die Unschuldvermutung dies erzwinge. Diese Begründung unseres Grundsatzes durch die Unschuldvermutung wird von CHR. FR. MEISTER im deutschen Strafprozeßrecht zum ersten Male gebracht. Sie wird in einer späteren Epoche, in der das i.d.p.r. seinen endgültigen Einzug in das Strafprozeßrecht hält, eine entscheidende Bedeutung gewinnen. In seiner grundsätzlichen Bedeutung für das Strafprozeßrecht hat MEISTER aber offensichtlich weder die vorzügliche Rechtsgunst der Unschuld noch das i.d.p.r. verstanden, denn auch er ist, wie BOEHMER, ein eifriger Vertreter der Verdachtstrafe. Das offenbart sich insbesondere in der XXIX. Decisio: Der Inquisit J. B. F. war des Raubmordes an dem Juden H. L. verdächtig gewesen und gefoltert worden. Jedoch ohne Erfolg, er hatte nichts gestanden. Damit galt er nach gemeinem Recht als von allen Verdachtsgründen gereinigt, und dementsprechend heißt es in den *rationes dubitandi*, daß *es wider aller Gesetze zu laufen scheinet, wenn derselbe demungeachtet sein Leben in der Gefangenschaft hinbringen müsse, angesehen er auf solche Art als Unschuldiger mit einer solchen Strafe, welche den Lebensstrafen gleich zu achten beleget werde*[74]). Dennoch soll der Angeklagte zu unbestimmter Gefängnisstrafe verurteilt werden. Das Beispiel CARPZOVS, der die Reinigungsfunktion der ohne Geständnis überstandenen Folter ja auch mißachtet hatte[75]), hatte Schule gemacht. Die Begründung, die MEISTER liefert, fußt dagegen auf BOEHMER und demonstriert ad oculos, wohin die von ihm propagierte Bevorzugung der *salus publica* führen konnte. Gegen den Inquisiten heißt es, sub 6f., hätten sich *starke Anzeichen eines an dem Juden H. L. begangenen Mordes und Raubes* aus den Akten ergeben, die *fast die Stelle einer Überführung vertreten können, mithin, ob er gleich die Folter ausgehalten und daher vor der Welt für unschuldig zu achten ist, dennoch in Betrachtung aller hier einschlagenden Umstände, und der Unzuverlässigkeit der Tortur als eines Erforschungsmittels der Wahrheit nicht anders geglaubet werden kann, als daß Inquisit das ihm angeschuldigte Verbrechen werde begangen haben. Dieser der gemeinen Sicherheit so gefährliche Mensch* müsse *außer Stande gesetzt werden zu rauben und zu morden.* Er müsse daher in ein *leidliches* Gefängnis eingesperrt werden, bis *untrügliche Zeichen seiner Besserung und daraus folgender gänzlicher Ungefährlichkeit* vorlägen, auf Grund derer er wieder auf freien Fuß gesetzt werden könne[76]).

Diese Entscheidung erging in dubio contra reum und stellt zudem die *vorzügliche Rechtsgunst der Unschuld* auf den Kopf, denn ihre Grundlage ist die

---

[73]) Dec. XII sub 20, vgl. auch Dec. XXXVI und LXXXIII sub 12
[74]) a.a.O. sub 4
[75]) Vgl. oben S. 49
[76]) a.a.O. sub 6f.

Vermutung der Schuld des Inquisiten. Sie ist auch keineswegs die einzige Entscheidung dieser Art bei CHR. FR. MEISTER[77]) oder dessen Nachfolgern.

g) So führt JOH. CHRISTOPH KOCH in seinem 1758 erstmalig erschienenen »Institutiones Iuris Criminalis« aus, Angeklagte, die zwar *graviter, sed non plene convicti sunt, tormentis etiam perpessis pernegent extra ordinem puniri*, bei Hochverrat könne auch die Todesstrafe verhängt werden[78]).

h) Bei QUISTORP heißt es schon im Allgemeinen Teil seiner 1770 zum ersten Male erschienenen, allseits anerkannten »Grundsätze des deutschen Peinlichen Rechts«: *Es gehören weiter ... eine jede Dunkelheit und Ungewißheit des Corporis Delicti zu solchen Milderungsursachen, weshalb gewöhnlich die ordentliche Strafe erlassen und an ihre Stelle eine außerordentliche verhängt zu werden pflegt*[79]).

Im zweiten Teil, dem Prozeßrecht, wird diese Entscheidung im § 678 bestätigt. Dort heißt es, im Zweifelsfall werde in nicht-peinlichen Fällen die Verdachtstrafe verhängt, in peinlichen dagegen solle gefoltert werden. Gemäß § 750 soll die Verdachtstrafe jedoch auch in peinlichen Fällen verhängt werden, wenn der Inquisit trotz der Folter nichts gestanden hatte. Er solle dann bei *mäßiger Arbeit in Verwahrung* genommen werden, weil *sein bisheriger Lebenswandel und seine Frechheit ... mit Grunde vermuthen lassen, daß er künftig seyne Freyheit mißbrauchen und mehrere Uebel ... stiften werde*. Zwar heißt es im § 771 und § 772, *der Urteilsfasser* solle in zweifelhaften Fällen *allemal die gelindere Meynung* annehmen, doch kann sich das in diesem Zusammenhang nur auf die Verdachtstrafe oder die absolutio ab instantia, welche QUISTORP im § 776 behandelte, bezogen haben, da beide ja gelinder waren als die *poena ordinaria*.

Mit QUISTORP findet die Epoche des gemeinen deutschen Strafprozeßrechtes ihr Ende. In dem folgenden Abschnitt der Geschichte des Strafprozeßrechts werden die Einwirkungen der Aufklärung auf dieses Rechtsgebiet zu betrachten sein. Bevor jedoch zu dieser neuen Epoche übergegangen wird, sei noch ein kurzer Rückblick auf jene ersten beiden großen Strafprozeßrechtskodifikationen gestattet, die in der zweiten Hälfte des 18. Jahrhunderts geschaffen wurden.

i) Die erste dieser Kodifikationen war der 1751 erlassene, von KREITTMAYR geschaffene Codex Iuris Bavarici Criminalis. Sein § 24 lautet: *Wo in dem corpore delicti oder sonst in dem Prozeß ein solcher Mangel erscheinet, daß die erforderliche Prob dadurch in billichen Zweifel geräth, so greifft statt der ordentlichen nur eine mildere Straf Platz.*

Das entsprach genau der zu jener Zeit in der Wissenschaft herrschenden Ansicht. Im Zweifel sollte die Verdachtstrafe verhängt werden. Es wurde also in dubio contra reum entschieden.

---

[77]) Vgl. Dec. LV, LXI, LXXI

[78]) Lib. I Cap. VI § 90

[79]) § 117b. Gleiches sagt er auch in den Rechtlichen Erachten von 1774, vgl. EISENHART im Archiv des Criminalrechts Bd. III 2. Stück S. 5

k) Auch die zweite große Kodifikation, die 1768 erlassene Constitutio Criminalis Theresiana verfährt nicht anders. Im 7. Artikel wird bestimmt, daß in *zweifelhaften Straff-Fällen die Gelindigkeit der Schärffe vorzuziehen sei* und dementsprechend eine *mildere poena extraordinaria*, also die Verdachtstrafe, zu verhängen sei.

VII Die Aufklärung

Wenn das Ende des gemeinen deutschen Strafprozeßrechtes soeben mit dem Erscheinen der QUISTORPschen »Grundsätze«, also mit dem Jahre 1770, bestimmt worden ist, so sollte damit nicht gesagt sein, daß zu diesem Zeitpunkt die gemeinrechtliche Epoche des deutschen Strafprozesses schlagartig ihr Ende gefunden und nunmehr die Ideen der Aufklärung das deutsche Strafprozeßrecht beseelt hätten. Der Prozeß der Aufklärung des deutschen Strafprozeßrechts zog sich über einhundert Jahre hin.

1) Die Abschaffung der Folter

Diese Entwicklung begann am 3. Juni 1740, dem vierten Tag der Regierung des ersten aufgeklärten deutschen Monarchen, FRIEDRICHS II. von Preußen, an dem dieser durch Kabinettsorder für seine Lande die Anwendung der Folter generell verbot[1]). Die meisten anderen deutschen Souveräne sahen erst etliche Jahre später in der allgemeinen geistigen Entwicklung Anlaß genug, ihrerseits dem Schritt FRIEDRICHS zu folgen, oder – wo sie sich dazu noch nicht entschließen konnten – es jedenfalls zuzulassen, daß ihre Richter in der Praxis auf die Anwendung der Folter verzichteten[2]).

Um das Jahr 1770 kam die Folter in den meisten großen Teilstaaten Deutschlands nicht mehr zur Anwendung. Damit aber war aus dem System des gemeinen deutschen Strafprozeßrechtes ein derart entscheidendes Stück herausgebrochen, daß diese Strafprozeßrechtsepoche als beendet bezeichnet und die Aufklärung als jedenfalls teilweise siegreich angesehen werden kann.

Bevor auf die im Rahmen dieser Untersuchung interessierenden Folgen des Folterungsverbotes eingegangen wird, sei noch kurz erwähnt, daß die Vorstellungen, die FRIEDRICH II. veranlaßt haben, die Folter zu verbieten, nicht – wie zu vermuten wäre – auf VOLTAIRE zurückgehen können. Dieser hat sich bei seinem Kampf gegen die französische Justiz darauf beschränkt, das Beweissystem der Ordonnance von 1670 mit schneidendem Hohn lächer-

---

1) Mit Ausnahme weniger Fälle, für die er sie jedoch alsbald auch untersagte.

2) Die Folter wurde abgeschafft in Baden am 9. 9. 1767, in Mecklenburg am 16. 12. 1769, in Sachsen am 2. 12. 1770 und in der Pfalz 1779. In Bayern wurde sie offiziell erst durch eine von FEUERBACH verfaßte Generalverordnung vom 7. 7. 1807 abgeschafft, vgl. FEUERBACH Lehrbuch S. 516 Anm. c. In Braunschweig wurde seit 1780 praktisch nicht mehr gefoltert, vgl. Demmes Annalen Bd. 12 S. 262

lich zu machen[3]). Gegen die Folter vorzugehen, hatte er keinen Anlaß, denn die von ihm bekämpften Fehlurteile waren nicht so sehr die Folge erfolterter Falschaussagen als vielmehr durch jenes gesetzliche Beweissystem bedingt.

Die Quelle der Vorstellungen, die FRIEDRICH zum Erlaß der Kabinettsorder vom 3. Juni 1740 veranlaßt haben, dürfte geographisch sehr viel näher bei ihm liegen, nämlich in der brandenburg-preußischen Universitätsstadt Halle oder genauer in dem dort lehrenden CHRISTIAN THOMASIUS[4]), der schon 1705 die Folter als *iniustam, iniquam, fallacem* verworfen hatte[5]).

Erst nach FRIEDRICHS Verbot der Folter hat sich die französische und italienische Aufklärungsliteratur diese Wertung des THOMASIUS zu eigen gemacht. So klassifiziert CESARE BECCARIA[6]) in seinem für seine Zeit in ganz Europa sensationellen Buch »Dei delitte e delle pene« 1764 die Folter als eine *durch langen Gebrauch geheiligte Grausamkeit*[7]). Dem schloß sich MARAT in seiner Preisschrift für die Berner ökonomische Gesellschaft an und bezeichnete die Folter als *Barbarei* und *Spiel mit der Menschlichkeit*[8]). MONTESQUIEU[9]) schließlich lehnt die Folter schon 1748 in seinem »Esprit de lois« kategorisch ab und hält es dabei nicht einmal mehr für nötig, dem noch eine Erklärung hinzuzufügen[10]).

2) Folgen der Abschaffung der Folter

So erfreulich die Abschaffung der Folter durch FRIEDRICH II. und später durch die meisten anderen deutschen Souveräne im Interesse der Menschlichkeit und einer geordneten Strafrechtspflege war, in Deutschland führte sie zunächst zu einer völligen Ratlosigkeit der Strafjustiz.

Während in Frankreich durch die Revolution nicht nur die Folter, sondern auch die Verdachtstrafe[11]) sowie das gesamte System der Beweisregeln

---

3) Beispielsweise mit folgender Ausführung: *Wenn der Kanzler von England und der Erzbischof von Canterbury aussagen würden, sie hätten gesehen, wie ich meinen Vater und meine Mutter ermordet und sie dann zum Frühstück verspeist hätte, so müßte man Kanzler und Erzbischof ins Irrenhaus sperren, nicht aber mich auf ihre Zeugenaussage hin verbrennen.* Vgl. Histoire d'Elisabeth Canning, Bd. 46 S. 241 f.

4) 1. 1. 1655 bis 29. 3. 1728

5) Ungerecht, unbillig, trügerisch. Vgl. § 1 a. E., vgl. auch WOLF S. 410

6) 15. 3. 1738 bis 28. 11. 1794

7) S. 78

8) S. 136. Die Berner ökonomische Gesellschaft hatte im Jahre 1777 einen Preis ausgesetzt für den besten Plan einer neuen Kriminalgesetzgebung. MARATS Schrift konnte nicht berücksichtigt werden, da sie entgegen den Bestimmungen der Gesellschaft schon vor dem letzten Einreichungstermin, dem 1. 7. 1779, veröffentlicht worden war. Die preisgekrönte Arbeit von GLOBIG und HUSTER konnte ich nicht einsehen. Der zweite deutsche Beitrag war der von GMELIN. Er ist nur insoweit interessant, als er im § 247 angibt, wer schon 1777 gegen die Folter Stellung bezogen hatte. Dort ist alles verzeichnet, was im damaligen Europa Rang und Namen hatte. GMELIN selber allerdings befürwortet die Folter noch. Vgl. §§ 248 f.

9) 18. 1. 1689 bis 10. 2. 1755

10) Buch I Kap. XVII

11) Die Ordonnance von 1670 enthält mehrere Bestimmungen, nach denen Verdachtstrafen ausgesprochen werden konnten. So z.B. Art. 13, Tit. XXV

abgeschafft und dem französischen Richter durch den § 125 des Code des délits et des peines[12]) volle Freiheit hinsichtlich der Bestimmung und der Würdigung der Beweismittel zugebilligt wurde, beschränkten sich die deutschen Souveräne zunächst auf die Abschaffung der Folter. Der deutsche Richter blieb also im Gegensatz zu seinem französischen Kollegen an das gemeinrechtliche System der Beweisregeln gebunden, d. h. er konnte weiterhin zur ordentlichen Strafe nur verurteilen, wenn zwei klassische Zeugen die Tat gesehen oder der Täter gestanden hatte. Da kaum je ein Verbrechen angesichts zweier klassischer Zeugen begangen wird, und da sich nach Abschaffung der Folter auch kaum noch ein Delinquent bereit fand, freiwillig zu gestehen, geriet die deutsche Kriminaljustiz mit der Abschaffung der Folter zunächst in eine Sackgasse. Man versuchte herauszukommen durch das, was sehr treffend als eine *perfide Jagd nach dem Geständnis* bezeichnet worden ist[13]), eine Taktik der Finten und Tricks, mit der ein Geständnis dennoch erlangt werden sollte. Indes, in diesen Maschen verfingen sich die gewiegtesten Verbrecher am allerwenigsten. Einen wirklichen Ausweg aus dieser Sackgasse hätte nur der Entschluß zur freien Bestimmung und Würdigung der Beweismittel geboten; den aber wagten Wissenschaft und Praxis während des 18. Jahrhundert noch nicht zu fassen.

Zwar war es nochmals FRIEDRICH DER GROSSE, der schon 1754 einen ersten Schritt in dieser Richtung tat, indem er am 27. Juni 1754 eine die Kabinettsorder vom 3. Juni 1740 ergänzende Order erließ, in der es heißt: *... daß wenn die Delinquenten durch klare Indicia oder auch Zeugen und andere ganz deutlich sprechende Umstände so überführt sind, daß nichts an der Richtigkeit des facti, als nur allein die eigene Confession des Delinquenten fehlt, welche sonsten durch Letzteren durch die in den Gesetzen angeordnete Tortur herauszubringen ist, sodann auf solchen Fall die gesetzmäßige Todesstrafe sonder Bedenken von denen Criminal-Collegiis erkannt werden kann ohne daß selbige nöthig haben, die eigene Bekenntniß eines schon ganz überführten Delinquenten zu erfordern und abzuwarten*[14]).

Über diese Erkenntnis des juristischen Laien FRIEDRICH ist die Strafjustiz des 18. Jahrhunderts in Deutschland jedoch nicht hinausgekommen. Wie unten noch zu zeigen sein wird, waren es drei Wissenschaftler, die in den letzten zwanzig Jahren dieses Jahrhunderts FRIEDRICHS II. Hinweise auf die freie Beweiswürdigung aufnahmen und auf diesem Weg weiter fortschritten. Alle anderen deutschen Wissenschaftler, die sich in diesem Jahrhundert mit dem deutschen Strafprozeß befaßten, aber auch die Praxis, klammerten sich allzu traditionsbewußt an die gemeinrechtlichen Beweisregeln[15]). So wenn

---

[12]) vom 3. Brumaire des Jahres VI

[13]) Vgl. KÖSTLIN, zitiert nach HENKEL S. 42

[14]) Zitiert nach JARKE, Neues Archiv des Criminalrechts Bd. 8 S. 125. Bei MALBLANC (S. 243) wird diese Kabinettsorder in etwas anderem Wortlaut und als vom 27. 1. 1754 stammend wiedergegeben.

[15]) EB. SCHMIDTS Behauptung, FRIEDRICH D. GROSSE habe mit dieser Kabinettsorder »die gesetzlichen Beweisregeln zugunsten einer freien, pflichtgemäßen Beweiswürdigung beseitigt«, muß daher als nicht ganz zutreffend bezeichnet werden. Vgl. Einführung S. 259

sie z.B. jede Strafe, die ohne das Vorliegen eines im Sinne des gemeinen Rechtes vollen Beweises verhängt wurde, eine *poena extraordinaria* nannten.

Daß man bis zum Ende des 18. Jahrhunderts den Ausweg aus der Sackgasse der Beweisschwierigkeiten, den die freie Bestimmung und Würdigung der Beweismittel durch den Richter bot, nicht energisch weiterbeschritt, lag daran, daß man einen anderen, einfacheren Ausweg gefunden zu haben glaubte und diesen verfolgte. Welcher Art dieser vermeintliche Ausweg war, das demonstriert am besten eine weitere, zusätzliche Kabinettsorder FRIEDRICHS II. vom 8. August 1754, in der er dekretierte: ... *dahingegen, wenn die Umstände den Inquisiten nicht ganz völlig convinciren und dennoch der größte Verdacht gegen selbigen vorhanden seyn sollte, daß er das Verbrechen wirklich begangen habe, auch die Umstände solches zum höchsten wahrscheinlich machen, alsdann dergleichen Inquisiten, ob er sich schon zu keinem Bekenntnis bequemen will der Festungsarrest auf Zeit seines Lebens und dabey in Eisen geschmidet zu werden erkannt werden müsse*[16]).

Wie insbesondere der Vergleich mit der Kabinettsorder vom 3. Juni 1740, aber auch schon der Wortlaut dieser Kabinettsorder zeigt, hat FRIEDRICH DER GROSSE hier nichts anderes als die Verhängung der Verdachtstrafe angeordnet. Das war denn auch jener bequemere Weg, den Wissenschaft und Praxis im 18. Jahrhundert beschritten, um der durch die Abschaffung der Folter verursachten Beweisnot zu entkommen. Und sie beschritten ihn, wie noch zu zeigen sein wird, mit Energie, und verhalfen derart der schon einhundert Jahre alten Verdachtstrafe zum Ende des 18. Jahrhunderts zu einer ungeahnten Ausdehnung, zu ihrer eigentlichen Blüte.

Jedoch zeigt schon ein Begleitumstand dieser Kabinettsorder vom 8. August 1754, daß diese Blüte nur von kurzer Dauer sein werde. Die Abschaffung der Folter hatte FRIEDRICH II. seinerzeit mit einem Argument begründet, das ihn als typischen Vertreter einer aufgeklärten Geisteshaltung ausweist. In seiner *Dissertation sur les raisons d'établir ou d'abroger les lois* heißt es hierzu: *il vaudrait mieux pardonner à vingt coupables que de sacrifier un innocent*[17]).

Wie schon TRAJAN gesagt und die Aufklärung es sich zu ihrem Anliegen gemacht hatte; auf keinen Fall dürfe ein Unschuldiger im Strafprozeß Nachteile erleiden.

Dem widerspricht die Verdachtstrafe so sehr, daß man versucht ist zu fragen, ob FRIEDRICH DER GROSSE sich selbst in den vierzehn Jahren von 1740 bis 1754 untreu geworden ist. Daß dies nicht der Fall ist, sondern daß vielmehr Gründe der Staatsraison, so insbesondere die Beweisnot seiner Criminal-Collegii ihn zwangen, die Verdachtstrafe zuzulassen, dafür spricht die Tatsache, daß FRIEDRICH diese Kabinettsorder vom 8. August 1754 als

---

16) Zitiert nach JARKE a.a.O. Vgl. auch das gleichartige sächsische Reskript vom 2. 12. 1770 und § 11 der Königlich-Dänischen Verordnung vom 11. 12. 1758 (zitiert bei v. SCHIRACH in Hitzig's Annalen Bd. II S. 217). Mit dieser Verordnung wurden die Verdachtstrafe und die absolutia ab instantia in das dänische Recht eingeführt und fanden damit auch in Schleswig-Holstein Anwendung.

17) Zitiert nach EB. SCHMIDT Einführung S. 258

Geheimorder erließ: *Weil aber unsere Intention nicht ist, daß diese Verordnung bey dem Publico eclatire, so habt Ihr denen Räthen die Verschwiegenheit auf ihre Pflicht anzuempfehlen*[18]).

Mochte FRIEDRICH DER GROSSE aus schlechtem Gewissen vor sich selbst auch die Kabinettsorder geheimhalten lassen, ihre Wirkungen, die Verdachtstrafen, konnten nicht geheim bleiben. Sie forderten andere aufgeklärte Geister zum sich stetig steigernden Protest gegen diese Sünde wider den Geist der Aufklärung heraus.

3) Verdachtstrafe und i.d.p.r. im Meinungsstreit

Bevor wir jedoch die Entwicklung der Verdachtstrafe als Gegensatz unseres Grundsatzes und damit die Entwicklung des i.d.p.r. weiterverfolgen, sei kurz auf folgendes hingewiesen:

Die Verdachtstrafe trug vor Abschaffung der Folter den Namen *poena extraordinaria* oder *arbitraria* und hat diesen später auch immer behalten. Unter derselben Bezeichnung tauchte jedoch, wie oben schon erwähnt wurde, nach Abschaffung der Folter eine weitere Strafart auf. Jene nämlich, die entsprechend der Kabinettsorder FRIEDRICH II. vom 3. Juni 1740 bei *Richtigkeit der facti* aber nach gemeinem Recht unvollständigem Beweis verhängt worden ist. Diese Strafe, die als Vorläuferin der heutigen, auf der frei gebildeten Überzeugung des Richters beruhenden Strafe bezeichnet werden kann, mag in Einzelfällen sich ebenfalls einer Verdachtstrafe genähert haben, wenn *die Richtigkeit der facti* allzu voreilig angenommen wurde, sie darf jedoch nicht wie die Verdachtstrafe als grundsätzlich im Gegensatz zu unserem Grundsatz stehend bezeichnet werden. Nicht jede *poena extraordinaria* oder *arbitraria*, die uns seit Abschaffung der Folter begegnet, beweist daher schon die Nichtexistenz unseres Grundsatzes.

a) Ein typischer Fall der Verdachtstrafe findet sich in dem von GEORG JACOB FRIEDRICH MEISTER, dem Sohn des oben erwähnten CHRISTIAN FRIEDRICH GEORG MEISTER[19]), im Jahre 1791 veröffentlichten Werk »Practische Bemerkungen aus dem Criminal- und Civilrechte«. Dem dort unter Nr. XXVI publizierten Urteil der Göttinger Juristischen Fakultät lag folgender Sachverhalt zugrunde: Am 6. November 1789 wurde in einem Waldstück Mecklenburgs eine männliche Leiche gefunden. Die Obduktion ergab, daß der Tote erschossen worden war. Wann das geschehen war, konnte nicht festgestellt werden. Der Angeklagte gab zu, am 6. Januar desselben Jahres dem ihm bekannten Getöteten, der auf Wanderschaft gehen wollte, das Abschiedsgeleit durch eben jenes Waldstück gegeben zu haben, in dem die Leiche später gefunden wurde. Er habe dabei als Forstangestellter, der er sei, wie immer eine geladene Flinte bei sich getragen. Später wurden bei dem Angeklagten einige Gegenstände, die dem Getöteten gehört hatten,

---

18) Vgl. JARKE a.a.O.
19) Vgl. LANDSBERG Bd. I S. 304

gefunden. Er gab jedoch an, diese von einem Dritten gekauft zu haben[20]). Weitere Feststellungen konnten nicht getroffen werden. Da die Tortur in Mecklenburg zur Zeit der Aburteilung schon verboten war, konnte, wenn überhaupt gestraft werden sollte, nur noch eine *poena extraordinaria* verhängt werden. Daß diese, jedenfalls in diesem Falle, eine Verdachtstrafe gewesen ist, erhellt schon aus den soeben vorgetragenen Feststellungen, die ja keineswegs lückenlos und unzweifelhaft die Schuld des Angeklagten ergeben. So entschied denn die Fakultät auch ... *daß ernannter Inquisit wegen der begangenen Ermordung des NN, deren derselbe durch die starken wider ihn eintretenden Anzeigen zur Nothdurft für überführet zu halten, vorkommenden Umständen nach, mit öffentlicher Arbeit beym Festungsbau auf zehn Jahre lang zu bestrafen* sei[21]).

In den Gründen spricht die Fakultät dann von einem *hohen Grad von moralischer Gewißheit und Beweis, welcher vermöge seiner Natur und Eigenschaft zur nothdürftigen Überführung des Inquisiten, behuf einer zu begründenden außerordentlichen Strafe ... zureichet*[22]). Daß die Fakultät diese Verdachtstrafe anstelle der Tortur verhängt wissen wollte, daran läßt sie in dem Urteil ebenfalls keinen Zweifel[23]).

G. J. Meister hat dieses Urteil ohne Kommentar in seine »Bemerkungen« aufgenommen. Eine Tatsache, die darauf schließen läßt, daß er es jedenfalls nicht für falsch hielt. An sich hätte vermutet werden können, daß Meister dem Urteil scharf widerspreche, denn in seinen zwei Jahre zuvor veröffentlichten »Principia Iuris Criminalis Germaniae Communis« hatte er sich unmißverständlich zur Geltung des i.d.p.r. im Strafprozeßrecht bekannt. Es heißt dort im § 404 zum Beweise der Unschuld: *ob defectum probati criminis ideoque etiam in casu per collisionem argumentorum aequalis ponderis in dubio reus absolvendus est. eo magis cum defensio favorem iuris habet et satius est, impunitum relinqui facinus nocentis quam innocentem damnare*[24]).

Was bei Carpzov noch widersprüchlich geblieben war[25]), hier ist es folgerichtig entwickelt. Eine Beweissituation, in der eine Unschuld- gegen eine gleich starke Schuldvermutung steht, ist eine Zweifelsituation. Und für diese spricht Meister hier unseren Grundsatz aus: *In dubio reus absolvendus est.*

Meisters Begründung zeigt, wie sehr er von der Aufklärung beeinflußt war. Das i.d.p.r., so meint er zutreffend, folge aus dem *favor defensionis*, d.h. dem allgemeinen Bestreben, den Angeklagten zu begünstigen. Zum anderen ergebe sich das i. d.p.r. aber auch aus der Trajansentenz, d.h. aus der mit ihr zum Ausdruck gebrachten Überzeugung, nach der es sittlich besser sei, einen Schuldigen entkommen zu lassen als einen Unschuldigen zu bestrafen

---

20) Vgl. S. 224f.
21) Vgl. S. 216
22) Vgl. S. 235
23) Vgl. S. 224
24) Bei einem unvollständigen Beweis und daher auch wenn zwei gleich starke Argumente sich entgegenstehen, denkst du, daß der Angeklagte im Zweifel freigesprochen werden soll; und das um so mehr, als die Verteidigung den rechtlichen Vorteil erhalten soll, und es besser ist, den Schuldigen unbestraft zu lassen als den Unschuldigen zu bestrafen.
25) Siehe oben S. 50

und nach der dem Staat auch zugemutet werden müsse, insoweit das Risiko zu tragen. Damit hat G. J. MEISTER, dessen Vater das eine der zwei entscheidenden Argumente gegen die Verdachtstrafe und für das i. d. p. r., die Unschuldvermutung, in die Diskussion eingeführt hatte, das andere derartige Argument wieder in das Gedächtnis seiner Zeitgenossen zurückgerufen. Im Gegensatz zu dem seines Vaters war sein Argument allerdings nicht neu.

Der Widerspruch zwischen der von MEISTER in seinem dogmatischen Werk geäußerten Ansicht, im Zweifel sei der Angeklagte freizusprechen, und seiner Duldung der Verdachtstrafe in seinen Bemerkungen zur Rechtsprechung dürfte darin seinen Grund finden, daß MEISTER für die Beweisnot, in die die Richter geraten waren, auch noch keinen anderen Ausweg zu benennen wußte als die Verdachtstrafe, und daß er diese deshalb – wider seine dogmatischen Erkenntnisse – jedenfalls duldete.

Zu der gleichen Zeit als die Göttinger Juristische Fakultät den oben geschilderten Fall durch die Verhängung einer Verdachtstrafe abschloß, gab das Criminalcollegium des Kammergerichtes in Berlin über ein vom Hofgericht in Insterburg wegen Raubmordes gefälltes Todesurteil folgendes Gutachten ab: ... *daß Inquisit wegen dringenden Verdachtes des Raubes und Mordes mit einer zehnjährigen Festungsstrafe zu belegen sey*[26]).

Wiewohl dieser Tenor des Gutachtens den typischen Fall einer Verdachtstrafe auszusprechen scheint, lassen die Gründe unschwer erkennen, daß in diesem Falle die außerordentliche Strafe lediglich verhängt worden ist, weil der volle gemeinrechtliche Beweis nicht erbracht werden konnte, die *Richtigkeit der facti* aber ansonsten unbezweifelbar war. Der Inquisit hatte zugegeben, von den später ermordet und ausgeraubt aufgefundenen Eheleuten in deren Kahn von Memel mitgenommen worden zu sein. Er behauptete, den Raubmord hätten zwei andere, ebenfalls mitgenommene Männer unternommen. Seine Angaben hinsichtlich dieser Beiden erwiesen sich jedoch im Laufe der Untersuchung sämtlich als falsch und mußten von ihm widerrufen werden. Er selber war im Besitz des Kahns gefunden worden. Das einzige, was zu seiner Überführung fehlte, war eine Besichtigung der corpores delicti, d. h. der Leichen des Ehepaares, durch eine Amtsperson. Die Leichen der Eltern hatten deren Kinder schon beerdigt[27]).

Trotz dieser Sachlage sahen sich die Kammerrichter nicht in der Lage, das Todesurteil gegen den Inquisiten zu bestätigen; und das, obwohl ihnen die Kabinettsorder FRIEDRICHS DES GROSSEN vom 27. Juni 1754 dafür die rechtliche Handhabe geboten hätte. So sehr waren sie dem gemeinrechtlichen Beweissystem noch verhaftet[28]).

---

[26]) Vgl. Klein's Annalen Bd. 7 S. 28

[27]) S. 29f.

[28]) Der Hof nahm *den Mittelweg* und verurteilte den Inquisiten durch Rescript vom 3. 9. 1789 zu lebenslanger Festungshaft. Vgl. ferner das in Klein's Annalen Bd. 11 S. 47ff. abgedruckte Gutachten des Kammergerichtes, in dem auch aus Mangel am corporis delicti für einen festgestellten Mord nur lebenslange Festungsarbeit ausgesprochen worden ist, schließlich das a. a. O. Bd. 16 S. 227 abgedruckte Gutachten desselben Gerichtes.

b) Die Kabinettsorder FRIEDRICHS vom 8. August 1754, die die Verurteilung zur Verdachtstrafe gestattete, hat das preußische Kammergericht – und nicht nur dieses – dafür während der 80iger und 90iger Jahre des 18. Jahrhunderts um so häufiger angewendet.

So schlägt das Kammergericht in einem Gutachten vom 31. August 1789 eine aus den Gründen eindeutig als solche zu erkennende Verdachtstrafe vor. Der Inquisit hatte sich in diesem Falle zwar der Personenstandsfälschung schuldig gemacht, der ihm vorgeworfene Diebstahl blieb jedoch völlig ungeklärt. Weil lediglich *ein halber Beweiß des Diebstahls oder doch der Theilnehmung an demselben vorhanden sey*, müsse *auf außerordentliche Strafe* erkannt werden[29]).

c) Dieses Gutachten nimmt einer der beiden zu ihrer Zeit bekanntesten deutschen Strafprozeßtheoretiker, der Verfasser des strafrechtlichen Teils des ALR, ERNST FERDINAND KLEIN[30]), zum Anlaß, einige grundsätzliche Bemerkungen zum Beweise im Strafprozeß zu machen. Er schreibt: *Bey einer richtigen Theorie vom Beweise in Criminalsachen muß die Regel zugrunde liegen: Das Gesetz muß keinem ein willkürliches Übel zufügen, welches er nicht auf eine oder die andere Art verschuldet hat.* Was KLEIN dabei unter Schuld versteht, erhellt aus dem bei ihm sodann folgenden Satz: *Widrige Vermuthungen müssen nur den treffen, welcher sie durch ein besseres Betragen hätte vermeiden können.* Wende man nun diese Regel auf den vorliegenden Fall an, sagt KLEIN sodann, so finde man, daß das Strafurteil vorzüglich auf dem Satz beruhe, *daß Inquisit ein Mensch sei, zu welchem man sich der That wohl versehen könne.* Dies sei offenbar seine Schuld. Sie sei ausreichend zur Verhängung der außerordentlichen –

---

[29]) Klein's Annalen Bd. 8 S. 70. Weitere Beispiele für in den letzten Jahrzehnten des 18. Jahrhunderts verhängte Verdachtstrafen finden sich in Klein's Annalen Bd. 15 S. 96f.: Urteil des Breslauer Criminalcollegiums, bestätigt durch das Berliner Kammergericht, lebenslängliches Zuchthaus wegen Raubverdachtes (auf Intervention des Großkanzlers VON CARMER wurde der Angeklagte schließlich doch freigesprochen), ferner a.a.O. Bd. 20 S. 821: Gutachten der Criminaldeputation am Kammergericht vom 11. 11. 1799, wegen Verdachts des Totschlages wird eine zehnjährige Festungsstrafe vorgeschlagen, ferner a.a.O. Bd. 21 S. 111f.: Gutachten der Criminaldeputation am Kammergericht vom 18. 2. 1797, wegen des Verdachts des Betruges wird eine Strafe von 8 Jahren Zuchthaus vorgeschlagen, ferner a.a.O. S. 222f.: Erkenntnis FRIEDRICH WILHELMS II., mit dem der Angeklagte wegen Mordverdachtes zu 20jähriger Festungsstrafe verurteilt wird. Die letzten beiden Entscheidungen sind von KLEIN selber als Verdachtstrafen bezeichnet worden, vgl. a.a.O. S. 295. Vgl. schließlich die Rechtsprüche der Juristischen Fakultät der Universität Halle in Klein's »Merkwürdigen Rechtsprüchen«, Bd. I S. 111f., Bd. II S. 38f.: Trotz erheblicher Zweifel an dem Tatbestand der Notzucht wird der Angeklagte zu 8 Jahren Zuchthaus verurteilt. Schließlich a.a.O. Bd. III S. 326f.: Hier entscheidet die Fakultät der Universität Halle, daß ein des Mordes Verdächtiger auf unbestimmte Zeit im Zuchthaus festzuhalten sei.
Auch die absolutio ab instantia findet weiterhin Anwendung, vgl. Klein's Annalen Bd. 10 S. 1f. Wenn auch nicht allgemein (vgl. §§ 27ff. II, 20), so doch in einzelnen Vorschriften, sah auch das ALR eine Verdachtstrafe vor. So z.B. im § 960 b a.a.O.: *Ist zwar keine Spur tödtlicher Verletzung, wohl aber der Verdacht einer sonstigen unnatürlichen und lebensgefährlichen Behandlung gegen die Gebärerin, welche Schwangerschaft und Geburt verheimlicht hat, vorhanden, so findet gegen dieselbe 12 bis 15-jährige Zuchthausstrafe, nebst Willkommen und Abschied statt.*

[30]) 1744 bis 1810

sprich in diesen Falle Verdacht- – Strafe[31]). Dieser Versuch einer Begründung der Verdachtstrafe war von vornherein zum Scheitern verurteilt, denn einen so tatfernen Schuldbegriff hat es im deutschen Strafrecht nie gegeben. Klein hat das auch alsbald eingesehen. Er hat später versucht, die Verdachtstrafe als Sicherungsmittel auszulegen und derart zu rechtfertigen. Noch zu seinen Lebzeiten mußte er jedoch bekennen, daß ihm auch dieser Versuch mißglückt sei.

d) Eine erste Andeutung einer Rechtfertigung der Verdachtstrafe als Sicherungsmaßregel findet sich schon 1786 in einem Aufsatz, mit dem der damals erst 24jährige Kleinschrod Aufsehen erregte[32]).

Kleinschrod, der sich später zu dem neben Klein bedeutendsten deutschen Strafprozeßtheoretiker seiner Zeit entwickelte, griff in diesem Aufsatz die von Friedrich dem Grossen in seiner Kabinettsorder vom 27. Juni 1754 angedeutete Möglichkeit der freien Überzeugungsbildung des Richters auf und führte diesen Gedankengang weiter: *Die Überzeugung nämlich, welche der Beweis hervorbringt, giebt den Grund zur Entscheidung, ob er ganz oder halb, vollkommen oder unvollkommen ist*[33]). Nicht mehr auf Grund der vom gemeinen Recht vorgeschriebenen Bewertung bestimmter Beweistatsachen, sondern nach dem Grade seiner Überzeugung sollte der Richter nunmehr also den Grad des Beweises bestimmen. Diese Theorie ist zwar noch von v. Soden in dessen 1792 erschienenem »Geist der peinlichen Gesetzgebung Teutschlands« aufgegriffen worden[34]), sie hat sich jedoch alsbald als praktisch undurchführbar erwiesen, weil es keine viertel, halbe oder dreiviertel Überzeugung, sondern nur die sich gegenseitig ausschließenden Situationen des Überzeugtseins oder Nichtüberzeugtseins gibt.

Dennoch haben Kleinschrod und v. Soden bereits mit diesem ihrem Hinweis auf die ausschlaggebende Bedeutung der Überzeugung des Richters für die Beweiswürdigung einen entscheidenden Schritt auf dem Wege zum i. d. p. r. getan; denn zum einen erhält unser Grundsatz seinen vollen Lebensraum erst dort, wo jeder Zweifel möglich ist, nicht aber nur der an bestimmten Tatsachen. Das wiederum ist nur dort der Fall, wo die Beweiswürdigung in allen Punkten auf der von jeder Beweisregel freien richterlichen Überzeugung basiert. Zum anderen haben Kleinschrod und v. Soden die Verdachtstrafe schon durch diesen Hinweis ins Wanken gebracht. Die Verdachtstrafe war, wie wir schon sahen, zu dieser Zeit im wesentlichen von der Beweisnot der Strafjustiz getragen; d. h. von der Zwangslage, in der sich diese befand, weil sie sich trotz Abschaffung der Tortur immer noch an die Beweisregeln des gemeinen Rechtes gebunden fühlte. Ersetzte man nun, wie Kleinschrod und v. Soden es taten, diese Beweisregeln durch die richterliche Überzeugung, dann war die Justiz aus ihrer Zwangslage befreit, und für die Verdachtstrafe fiel der entscheidende Grund fort. Damit aber war die

---

[31]) a.a.O. S. 75ff.
[32]) Kleinschrod 1762 bis 1824. In Plitts Repertorium Bd. I S. 421ff.
[33]) a.a.O. S. 421f.
[34]) Vgl. Bd. II § 554. Auch § 77 des 1772 erlassenen Preußischen Accise- und Zollreglements mißt die Höhe der Strafe nach dem Grade des Beweises.

Möglichkeit geboten, dieses Hindernis auf dem Wege zur allgemeinen Anerkennung des i.d.p.r. zu beseitigen.

Wie sehr die Idee unseres Grundsatzes schon zum Ende des 18. Jahrhunderts wieder bekannt geworden war, nachdem die beiden MEISTER sie publiziert hatten, das zeigt u.a. auch dieser Aufsatz von KLEINSCHROD. Er definiert hier die volle richterliche Überzeugung, oder – was bei ihm ja dasselbe ist – den vollen Beweis wie folgt: *Die Eigenschaft des ganzen Beweises muß diese seyn, daß er die Wahrheit der Sache, von welcher die Rede ist, in ein so helles und unbezweifeltes Licht setzt, daß man das Gegentheil davon zum wenigsten nach dem gewöhnlichen Lauf der menschlichen Dinge unmöglich annehmen kann*[35]).

Nach dieser später immer wieder kopierten Definition lag ein voller Beweis also nur dann vor, wenn vernünftige Zweifel an der Wahrheit des zu beweisenden Sachverhaltes nicht möglich waren. Unter der Voraussetzung, daß jede Verurteilung eines Angeklagten einen derartigen vollen Beweis erfordert, müßte diese Definition als Ausdruck unseres Grundsatzes gewertet werden. Denn wo vernünftige Zweifel – um die allein es dem i.d.p.r. geht – vorliegen, müßte dann entweder freigesprochen oder aber jedenfalls der dem Angeklagten günstigere, unbezweifelte Sachverhalt zugrunde gelegt werden.

KLEINSCHROD sagt nun zwar, daß an sich voller Beweis allein die Bedingungen erfülle, *unter welchen die Gesetze erlauben, über eine Criminalsache ein volles, entscheidendes Urteil zu fällen*[36]), und er fordert auch, *daß man Niemanden die ganze Bitterkeit eines peinlichen Gesetzes schmecken läßt als bis Richter und Gericht vollkommen überzeugt sind, daß er der Verbrecher ist*[37]).

Dennoch will er auch bei *mehr als halbem* und *völlig halbem*[38]) Beweise dem Angeklagten die Freiheit entziehen. Es kann dahinstehen, ob die *poena extraordinaria*, die KLEINSCHROD bei *mehr als halbem* Beweis verhängen will, tatsächlich eine Verdachtstrafe ist oder nicht[39]), denn sie soll nur in den nicht-peinlichen Fällen verhängt werden[40]). Jedenfalls sind die auch in peinlichen Fällen und dazu bei lediglich halbem Beweis, also halber Überzeugung, vorgeschlagenen Freiheitsentziehungen nichts anderes als Verdachtstrafen. Bei halbem Beweis schlägt KLEINSCHROD *ewige Verwahrung* vor, sofern es sich um Verbrechen handelt, *die die Ruhe und Sicherheit des Staates zunächst und unmittelbar stören*[41]) und *Gefängnis von 1 Jahr* nebst anschließender Lossprechung von der Instanz, sofern das nicht der Fall ist[42]).

Auf die Beweisnot der Justiz konnte sich KLEINSCHROD zu einer Recht-

---

[35]) a.a.O. S. 422

[36]) a.a.O. S. 423

[37]) a.a.O. S. 423f.; vgl. auch v. SODEN Bd. II § 558

[38]) a.a.O. S. 425, 433; vgl. auch v. SODEN Bd. II § 678

[39]) KLEINSCHROD führt aus, die den Angeklagten belastenden Momente wären in diesem Falle so stark, daß der Richter *»guten Gewissens«* sagen könne: *»Du bist der Verbrecher, du mußt es seyn«*. Das wäre aber ein völlig überzeugter Richter. Vgl. a.a.O. S. 429

[40]) a.a.O. S. 429f.

[41]) a.a.O. S. 433

[42]) a.a.O. S. 441ff. Bei weniger als halbem Beweis soll die Lossprechung von der Instanz ausgesprochen werden, vgl. S. 449ff.

fertigung dieser Verwahrung nicht berufen, denn seiner Ansicht nach waren die gemeinrechtlichen Beweisregeln ja ohnehin nicht mehr anwendbar. Darüber hinaus konnte es KLEINSCHROD auch mit keiner anderen Begründung möglich sein, die Bestrafung auf Grund halben Beweises zu rechtfertigen, da er ja eingangs seines Artikels ausdrücklich betont hatte, jede Verurteilung setzte zwingend vollen Beweis voraus. Dementsprechend findet sich bei ihm auch keinerlei Begründung für die *ewige Verwahrung* oder das *einjährige Gefängnis*, die er bei halbem Beweis in peinlichen Fällen verhängt wissen wollte. KLEINSCHROD versucht lediglich, die *ewige Verwahrung* als Sicherungsmaßregel umzudeuten. *Aber dies ewige Gefängniß muß nicht Strafe, nur Mittel zur Sicherheit seyn*[43]). Diese Sicherheitsverwahrung des lediglich Verdächtigen sei berechtigt, so heißt es, weil das Wohl des Ganzen das höchste Gesetz sei; es erlaube, wahrscheinlichen Verbrechen zuvorzukommen[44]).

Das entspricht dem Gedankengang BOEHMERS, dem die *salus publica* ja auch oberste Maxime war, es entspricht aber insbesondere dem Geist der Zeit, der geprägt war von dem allzu ängstlichen Bemühen um die Wohlfahrt insbesondere des Staates. Mit der *ewigen Verwahrung des Verdächtigen* leiste *der Richter dem Staate einen Dienst*, sagt KLEINSCHROD[45]).

Die Argumentation KLEINSCHRODS wurde von KLEIN erstmalig 1796 in seinen »Grundsätzen des gemeinen deutschen und preußischen peinlichen Rechts« aufgenommen und von ihm dann in mehreren Aufsätzen ausführlich dargelegt[46]).

e) Weithin bekannt und Gegenstand wissenschaftlicher Auseinandersetzung wurde diese Betrachtung der Verdachtstrafe als Sicherheitsmaßnahme dann durch ein Preisausschreiben, das KLEIN und KLEINSCHROD in dem 1. Band des von ihnen begründeten Archivs des Criminalrechts auslobten. Die Preisaufgabe lautete: *Inwiefern läßt sich eine außerordentliche Strafe, welche nicht als bloßes Sicherheitsmittel, sondern als eigentliche Strafe erkannt wird, rechtfertigen? und wenn dieses nicht möglich ist, welches Mittel kann man an deren Stelle setzen, um auf der einen Seite das gemeine Wesen gegen listige oder hartnäckige Verbrecher, und auf der anderen die ohne ihre Schuld Verdächtigen gegen den Eigendünkel und die Willkühr des Richters zu schützen*[47]).

KLEIN und KLEINSCHROD haben hier unter dem Begriff der außerordentlichen Strafe – entgegen der Rechtsprechung[48]) – offensichtlich nur die Verdachtstrafe verstanden. Daß diese ihrer Meinung nach schon 1798 nicht mehr haltbar war, impliziert schon der erste Teil der Frage, beweist aber dann die Erläuterung, die beide zu ihrer Preisfrage gegeben haben. Darin

---

[43]) a.a.O. S. 435
[44]) a.a.O.
[45]) a.a.O.
[46]) Vgl. § 109 in den Grundsätzen und Archiv des Criminalrechts Bd. I 2. Stück S. 34ff., 37ff., 41ff. und Bd. II 2. Stück S. 85ff., 88ff. KLEINSCHROD wiederholte sie dann 1797 in seinem ersten großen Werk, den »Abhandlungen aus dem peinlichen Rechte und peinlichen Processe« nochmals in leicht modifizierter Form. Vgl. §§ I–III, IX, XII, XIII
[47]) Vgl. a.a.O. Bd. I 2. Stück S. 155
[48]) Vgl. oben S. 69

heißt es: *Daß die Quantität der Strafe sich nicht nach der Quantität der Überzeugung von der Gewißheit des Verbrechens und seines Urhebers richten könne, sondern daß ein Schuldiger in die gesetzliche Strafe verurtheilt, ein Unschuldiger aber freygesprochen werden sollte, ist klar. Hieraus ergibt sich auch zugleich, daß ein Erkenntniß auf eine außerordentliche Strafe sich nur als Nothbehelf einigermaßen entschuldigen, aber nicht rechtfertigen lasse, weil sie für den Schuldigen zu gelinde, für den Unschuldigen aber zu hart ist*[49]).

Mit dem ersten Satz dieser Erläuterungen gab KLEINSCHROD seine erst acht Jahre zuvor entwickelte Theorie von der Bewertung des Beweises nach dem Grade der Überzeugung auf. Mit dem zweiten Satz gab er zu, daß die Verdachtstrafe unrechtmäßig sei. Dasselbe Eingeständnis machte mit diesem Satz auch KLEIN und widerrief damit seinen im 8. Band seiner Annalen unternommenen Versuch, die Verdachtstrafe zu rechtfertigen[50]). Damit war der Verdachtstrafe ein weiterer schwerer Schlag versetzt. Jetzt fehlte, um sie ganz ad absurdum zu führen, nur noch die Konsequenz aus diesem Eingeständnis und der von KLEINSCHROD oben gegebenen Definition der vollen richterlichen Überzeugung; d.h. die Feststellung, daß jede Bestrafung nur noch auf Grund einer über jeden Zweifel erhabenen Gewißheit des Richters von der Schuld des Angeklagten verhängt werden dürfe, und daß der Angeklagte freizusprechen sei, sofern diese Gewißheit nicht erreicht werden könne.

Eine solche Feststellung hätte allerdings das Risiko beinhaltet, daß eventuell auch ein Schuldiger der Strafverfolgung entgehe. Jenes Risiko also, das TRAJANS Rescript einst aussprach, daß den in ihrer polizeistaatlichen Vorstellungswelt lebenden KLEIN und KLEINSCHROD aber noch zu groß war: *Der bekannte Spruch, daß man lieber zehn Schuldige freisprechen als einen Unschuldigen verurtheilen müsse, klingt schön, setzt aber das gemeine Wesen selbst nicht nur der größten Gefahr aus, sondern begünstiget auch offenbar die Unredlichen und Halsstarrigen*[51]).

Und so beließen es KLEIN und KLEINSCHROD noch bei der Verwahrung des lediglich Verdächtigen, weil ihnen dieser wegen des Verdachtes, in den er geraten war, zu gefährlich zu sein schien.

4) Der Durchbruch des Grundsatzes i.d.p.r. in der Wissenschaft

a) Den von KLEIN und KLEINSCHROD ausgesetzten ersten Preis des Ausschreibens gewann ein gewisser EISENHART. Auch er verdammt die Verdachtstrafe und befürwortet die Verwahrung des lediglich Verdächtigen zur Sicherheit. Doch geht er noch über KLEIN und KLEINSCHROD hinaus, indem er wiederum versucht, diese Verwahrung mit einem rechtlichen Argument

---

[49]) a.a.O. S. 151
[50]) Vgl. oben S. 70
[51]) a.a.O. S. 154

zu begründen. Er sagt: *Die Person, welche nach allen Gründen der Wahrscheinlichkeit als der Urheber des Verbrechens angesehen werden muß, für deren Unschuld keine Gründe vorhanden sind, hat die Vermuthung eines bösen Willens gegen sich*[52]). Diese Behauptung war von EISENHART, wie sich aus dem Zusammenhang ergibt, nicht lediglich als spezifische Doluspräsumtion, sondern ganz allgemein als Schuldvermutung gemeint. Er widersprach damit nicht nur CHR. FR. MEISTER und v. SODEN, die beide die Unschuldvermutung kurz zuvor in ihrer grundlegenden Bedeutung für das Strafprozeßrecht hervorgehoben hatten[53]), sondern auch sich selber, der zwei Sätze zuvor die Unschuldvermutung jedenfalls inzident anerkannt hatte.

EISENHARTS Versuch einer über die rechtspolitische Begründung der Verwahrung des lediglich Verdächtigen hinausgehenden Rechtfertigung dieser Verwahrung wird schon wegen dieser Widersprüchlichkeit nicht den Beifall KLEINS gefunden haben. In seiner Anmerkung zu EISENHARTS Arbeit weist KLEIN darüber hinaus nochmals ausdrücklich darauf hin, daß er eine Rechtfertigung der Verwahrung des lediglich Verdächtigen aus rechtlichen Gründen nicht mehr für möglich hält: *Aber bey dem allen konnte ich doch in meinen Augen die außerordentliche Strafe anders nicht entschuldigen, als indem ich irgendeine unerlaubte Handlung als gewiß voraussetzte und die erkannte außerordentliche Strafe als eine Sicherheitsmaaßregel betrachtete*[54]).

b) Wie EISENHART versuchten noch mehrere andere Wissenschaftler, in Beantwortung der Preisfrage die Verwahrung zur Sicherheit oder sogar die Verdachtstrafe zu rechtfertigen[55]).

c) Die Praxis dieser Zeit strafte ohnehin weiter auf Grund bloßen Verdachts. Das beweisen schon die oben zitierten Urteile[56]), sodann aber auch die Tatsache, daß KLEIN sich 1799 genötigt sah, bewegte Klage darüber zu führen, daß die Gerichte die Zeitdauer der gegen einen lediglich Verdächtigen verhängten Verwahrung nach dem Strafrahmen des Deliktes bemaßen, dessen sie den Angeklagten verdächtigt hatten. Das sei *offenbar zweckwidrig*, erklärt KLEIN, *insofern dadurch der Staat doch für die Zukunft gesichert werden sollte*[57]).

d) Die Preisaufgabe hatte jedoch, entgegen den in ihr versteckt geäußerten Intentionen, auch den Widerspruch gegen Verdachtstrafe und Verwahrung des Verdächtigen geweckt. So wurde eine Preisschrift veröffentlicht, die sich beiden heftig widersetzte[58]). Ihr Verfasser war jener J. A. BERGK, der schon ein Jahr zuvor, im Jahre 1800, als erster deutscher Strafprozeßwissenschaftler die Differenzierung zwischen unzulässiger Verdachtstrafe

---

[52]) Archiv des Criminalrechts Bd. III 2. Stück S. 23
[53]) MEISTER vgl. oben S. 60; v. SODEN Bd. II § 542
[54]) a.a.O. S. 67
[55]) So z.B. VEZIN Bd. III 3. Stück S. 50ff., der die Verdachtstrafe als gerechtfertigt ansah, weil doch ebenso wie die Strafen auch die Anforderungen an den Beweis verringert werden könnten. Vgl. auch ZACHARIÄ Bd. III 4. Stück S. 1ff.
[56]) Vgl. oben S. 70
[57]) Archiv des Criminalrechts Bd. I 2. Stück S. 34
[58]) a.a.O. Bd. III 3. Stück S. 76ff.

und zulässiger Verwahrung des lediglich Verdächtigen als *ebenso gefährlichen wie offenbaren Irrtum* bezeichnet und behauptet hatte, daß jede Verurteilung eines lediglich Verdächtigen wegen dieses Verdachtes eine Strafe und daher widerrechtlich sei. Diese Widerrechtlichkeit schloß BERGK schon in diesem Aufsatz, aber auch in seiner Preisschrift sowohl aus der Tatsache, daß in diesem Fall die Strafbarkeit des Angeklagten zweifelhaft geblieben war, als auch aus seiner Ansicht, daß jede Verurteilung eine über jeden derartigen Zweifel erhabene Überzeugung des Richters voraussetze: *Ist der Thatbestand nicht außer Zweifel, so findet überhaupt gar keine Anklage noch weniger eine Verdammung statt, weil kein Gegenstand der Schuld vorhanden ist, also kein richterliches Urtheil gefällt werden kann*[59]). BERGK also war derjenige Wissenschaftler, der aus den Gedanken KLEINS und KLEINSCHRODS die entscheidenden Konsequenzen zog: Ein Urteil, gleichgültig, ob damit die Verwahrung des lediglich Verdächtigen oder die Bestrafung des Überführten ausgesprochen wird, setzt in jedem Fall die zweifelsfreie Gewißheit von der Schuld des Angeklagten voraus.

Damit war einerseits die Verdachtstrafe völlig – auch in ihrer Verkleidung als Sicherungsmaßnahme – ad absurdum geführt, andererseits aber das i.d.p.r. in den Rang eines strafprozessualen Grundsatzes erhoben, weil es in dieser grundsätzlichen Frage als das entscheidende Argument benutzt worden war. BERGK gebührt daher der Ruhm, derjenige deutsche Strafprozeßtheoretiker gewesen zu sein, der unserem Grundsatz zum Durchbruch verholfen hat.

Das war ihm im Gegensatz zu KLEIN und KLEINSCHROD möglich, weil er sich zuvor über die Idee der notwendigen Sicherung der Allgemeinheit vor Menschen, deren Gefährlichkeit sich in ihrer Verdächtigkeit manifestiere, hinweggesetzt hatte[60]).

BERGKS Ansicht hätte schon zu ihrer Zeit, jedenfalls bei den aufgeklärten Geistern, denen die Verdachtstrafe Unrecht zu sein schien, Aufsehen erregen müssen. Daß sie es kaum tat, sondern BERGKS Verdammung der Verdachtstrafe als *Grab der Gerechtigkeit*[61]) fast ungehört verhallte, wird darauf zurückzuführen sein, daß BERGK den Bogen seiner Anforderungen an die Kriminaljustiz überspannte. Er forderte nämlich als Voraussetzung eines jeden Urteils das freiwillige Geständnis des Angeklagten[62]). Damit jedoch beschwor er jenes Problem der Beweisnot wieder herauf, das die Wissenschaft durch die Anerkennung der richterlichen Überzeugung als Urteilsgrundlage gerade eben gelöst hatte, mit dem die Praxis aber noch kämpfte.

e) Im gleichen Jahr wie die Preisschrift von BERGK – 1801 – erschien ein Werk über den Beweis im Strafprozeß, das alsbald ungleich viel mehr Be-

---

[59]) Archiv des Criminalrechts Bd. II 3. Stück S. 146, vgl. auch a.a.O. Bd. III 3. Stück S. 98, 100. Erste Ansätze dieser Ansicht finden sich bereits in den Anmerkungen zu der 1798 erschienenen Übersetzung von BECCARIAS Werk, vgl. insbesondere die Anmerkung zu Teil I § 7

[60]) a.a.O. Bd. III 3. Stück S. 96f.

[61]) a.a.O. S. 105

[62]) a.a.O. S. 107

deutung gewinnen sollte als die Arbeit von BERGK, JOHANN FRIEDRICH RANFFTS »Über den Beweis in peinlichen Sachen«.

RANFFT lehnt sich in der Bestimmung der Beweismittel zwar noch an die Indizienlehre des gemeinen Rechtes an. Ein vollkommener, zur Verhängung einer Strafe genügender Beweise liegt jedoch bei ihm, entsprechend KLEINSCHRODS Definition[63]), nur vor, wenn der Richter über jeden vernünftigen Zweifel hinaus von der Schuld des Angeklagten überzeugt ist[64]). Anders als KLEINSCHROD, aber wie BERGK, zieht RANFFT aus dieser Ansicht auch bei unvollständigem Beweis die Konsequenz und erklärt jede Freiheitsentziehung auf Grund bloßen Verdachtes als grundsätzlich *völlig unzulässig*. Auch er begründet das wie BERGK mit unserem Grundsatz: *es sei besser im zweifelhaften Falle ein Verbrechen unbestraft zu lassen, als einen Unschuldigen zu strafen*[65]).

Darüber hinaus wendet RANFFT das i.d.p.r. aber auch bei anderer Gelegenheit an. So lehnt er die nochmalige Bestrafung eines Täters, der bereits wegen culpöser Tat verurteilt worden war, wegen nachträglich entdeckten Vorsatzes ab, weil er *glaube, daß nach dem Grundsatz, nach welchem, bei jedem zweifelhaften Umstande, die dem Angeklagten günstigste Deutung des Gesetzes stattfinden muß, auch im gegenwärtigen Fall die Todesstrafe nicht eintreten könne*[66]). Wenige Seiten danach fragt RANFFT, ob ein Entlastungszeuge einen nach dem gemeinen Recht vollkommenen Belastungsbeweis (z.B. zwei Zeugen) derart ins Wanken bringen könne, daß der Angeklagte freigesprochen werden müsse, und bejaht dies: *Daß er* (der Angeklagte), *nach dem Grundsatze, daß bei jedem entstehenden Zweifel diejenige Deutung, welche dem Angeklagten am günstigsten ist, den Vorzug behalten muß*[67]).

War BERGK der erste deutsche Strafprozeßrechtler, der das i.d.p.r. als Grundsatz des Strafprozeßrechts anerkannte und gegen die Verdachtstrafe verwendete, so war es RANFFT, der unseren Grundsatz auch über diese Frage hinaus als erster in der juristischen Alltagsdiskussion gebrauchte. Es darf allerdings nicht verschwiegen werden, daß RANFFT eine Verdachtstrafe für Delikte, die mit weniger als sechs Wochen Gefängnisstrafe bedroht wurden, doch zulassen und damit den Grundsatz i.d.p.r. durchbrechen wollte[68]). RANFFT bezeichnete eine solche Praxis zwar selber als *wohl unzulässig*[69]), er glaubte sich aber, wahrscheinlich aus prozeßökonomischen Gründen, verpflichtet, sie dennoch zu billigen. Trotz dieses logischen Sprunges in seiner Argumentation genoß RANFFTS Werk alsbald großes Ansehen unter den Strafprozeßwissenschaftlern seiner Zeit.

f) Obwohl sich direkte Einflüsse nicht nachweisen lassen, weil es an Zitaten fehlt, fällt auf, daß KLEINSCHROD nur ein Jahr nach dem Erscheinen des Buches von RANFFT in einem Aufsatz über die Grundzüge der Theorie

---

63) Vgl. oben S. 72
64) Vgl. S. 44
65) a.a.O. S. 296
66) a.a.O. S. 283
67) a.a.O. S. 287
68) a.a.O. S. 295. Als weitere derartige Ausnahme bejaht er die absolutio ab instantia, vgl. S. 325
69) Vgl. a.a.O. S. 295

vom Beweise in peinlichen Sachen[70]) die Verdachtstrafe und die Verwahrung des lediglich Verdächtigen mit keinem Wort mehr erwähnte. Und das, obwohl er wie schon in seinem ersten Aufsatz zu diesem Thema so auch hier die Ansicht vertrat, Voraussetzung für jede Verurteilung im Strafprozeß sei die jeden vernünftigen Zweifel ausschließende Überzeugung des Richters[71]). Daraus muß geschlossen werden, daß KLEINSCHROD einerseits in der Zwischenzeit seine Lehre von der Sicherungsverwahrung des lediglich Verdächtigen aufgegeben und sich damit von der Verdachtstrafe endgültig abgewendet hatte. Es kann daraus aber andererseits auch schon geschlossen werden, daß KLEINSCHROD gleichzeitig zum Befürworter einer grundsätzlichen Anwendung des i.d.p.r. im Strafprozeßrecht geworden war, denn – wie oben dargelegt[72]) – enthält seine, auch hier wiederholte Definition der zu jeder Bestrafung notwendigen, richterlichen Überzeugung das i.d.p.r. jedenfalls inzident. Darüberhinaus spricht KLEINSCHROD sich in diesem Aufsatz auch ausdrücklich für eine grundsätzliche Anwendung des i.d.p.r. aus. Er tut das mit einem Argument, das er dem Zivilprozeßrecht entnommen hat. *Die Last des Beweises liegt im Allgemeinen demjenigen ob, welchem daran liegt, daß etwas bewiesen werde. Daher muß der Beweis des Verbrechens entweder vom Ankläger oder vom Richter gestellt werden*[73]).

Wenn jedoch die Beweislast den Ankläger oder den Richter traf, dann mußte sich jeder Zweifel an der Wahrheit des von diesen zu beweisenden Sachverhaltes zu ihren Lasten und damit zugunsten des Angeklagten auswirken, d.h. es wurde in Anwendung dieser zivilprozessualen Beweislastverteilung immer i.d.p.r. entschieden.

g) In demselben Jahr, in dem KLEINSCHROD seine Abkehr von der Verdachtstrafe endgültig vollzog, deutet auch KLEIN in einem Aufsatz an[74]), daß er die Verdachtstrafe nun nicht mehr dadurch *entschuldigen* wolle, daß er sie als Sicherungsmaßregel *betrachte*. Zwar gibt KLEIN, der Vater des dualistischen Straf- und Besserungsvollzuges, die Idee der Sicherungsverwahrung gefährlicher Menschen nicht auf. Er schließt jedoch 1801 schon nicht mehr von jedem Verdacht der kriminellen Tätigkeit auf die gesellschaftliche Gefährlichkeit des Verdächtigen, sondern deutet an, daß die Gefährlichkeit hinfort nach anderen, und zwar außerhalb des Strafrechtes liegenden Kriterien zu bemessen sei: *Der natürlichste Ausweg scheint der zu seyn, wenn man die Sorge für die öffentliche Sicherheit der Polizey überläßt, und es scheint sogar als ob dies geschehen müsse, um die Eingriffe der einen Staatsgewalt in die andere zu verhüten*[75]).

Zwar kann KLEIN sich in diesem Aufsatz noch nicht zu der Ansicht durchringen, der Richter sollte über die gesellschaftliche Gefährlichkeit

---

[70]) Im Archiv des Criminalrechts Bd. IV 3. Stück S. 44ff.
[71]) Vgl. a.a.O. S. 50, 77
[72]) Vgl. oben S. 72
[73]) a.a.O. S. 63f.
[74]) In Klein's Annalen Bd. 21 S. 291ff.
[75]) a.a.O. S. 297

eines Menschen ausschließlich nach polizeilichen Gesichtspunkten befinden[76]). Vier Jahre später spricht er davon jedoch in einem weiteren Aufsatz schon wie selbstverständlich[77]). In dieser Arbeit verurteilt er sowohl die Verdachtstrafe als auch die Verwahrung zur Sicherheit auf Grund bloßen Verdachtes mit scharfen Worten: Die außerordentliche Strafe könne die Prüfung der Vernunft nicht aushalten. *Sie beruht auf dem Vorurtheile, als ob die Größe der Strafe von der Größe der Überzeugung abhänge, daß die strafbare That begangen worden sey. Als Strafe betrachtet ist sie ungerecht, als Sicherheitsmittel unzureichend*[78]). Bei der sodann anschließenden Besprechung der Sicherungsverwahrung heißt es mehrfach, diese müsse nach polizeilichen Gesichtspunkten verhängt, begrenzt und ausgestaltet werden[79]).

Damit hatte auch KLEIN die Verdachtstrafe hinter sich gelassen.

h) Ebenfalls im Jahre 1805 erschien STÜBELS »Über den Thatbestand der Verbrechen, die Urheber derselben und die zu einem verdammenden Endurtheile erforderliche Gewißheit des ersteren etc.«.

Wiewohl diese Arbeit des Wittenberger Gelehrten vorzüglich deshalb bekannt geworden ist, weil STÜBEL mit ihr seinen Widerstand gegen FEUERBACHS Theorie vom psychologischen Zwang aufgab, ist sie dennoch auch im Rahmen unserer Untersuchung beachtenswert. STÜBEL spricht sich nämlich schon in diesem Werk, bei gleichzeitiger Ablehnung der Verdachtstrafe[80]), für die Anwendung des i.d.p.r. aus. Zwar tut er das hier noch nicht mit jenen Worten, die er 1811 prägt. Er sagt aber schon, der vollkommene Beweis bestehe *in einer solchen Überzeugung, vermöge welcher kein vernünftiger Grund, das Gegentheil für wahr zu halten, übrig bleibt*[81]). Nichts anderes hatten KLEIN, KLEINSCHROD und RANFFT gesagt und damit – wie wir sahen – dem Grundsatz i.d.p.r. Ausdruck verliehen.

i) So hatten sich im Jahre 1805 mit KLEIN, KLEINSCHROD, RANFFT und STÜBEL vier der namhaftesten deutschen Vertreter der Wissenschaft vom Strafprozeß ebenso eindeutig wie nachdrücklich für die Anwendung unseres Grundsatzes im deutschen Strafprozeß ausgesprochen. Ihnen sind hinzuzurechnen noch die Strafrechtler FEUERBACH und TITTMANN, die beide, allerdings mehr beiläufig, zum Ausdruck bringen, daß auch ihrer Ansicht nach jedes Strafurteil die Gewißheit des Richters von der Schuld des Angeklagten

---

[76]) KLEIN dringt allerdings schon hier darauf, daß die schwerwiegende Entscheidung über die Sicherungsverwahrung des sozial Gefährlichen dem Richter, nicht aber der *Willkühr der Polizey* überlassen werde. Vgl. a.a.O. S. 297

[77]) In Klein's Annalen Bd. 23 S. 144ff.

[78]) a.a.O. S. 160

[79]) a.a.O. S. 161ff.

[80]) Vgl. a.a.O. S. 348: *Fehlet es der höchsten Gewalt, in Mangel vollkommenen Beweises, an einem Rechtsgrunde zur ordentlichen Strafe, so dürfte auch kein Rechtsgrund zu einer außerordentlichen Strafe und ebensowenig zur Detention im Zuchthause, welche ohnehin bloß durch den Nahmen von der Zuchthausstrafe verschieden ist, vorhanden seyn.* Dafür führt STÜBEL an anderer Stelle auch MATTHAEUS an, a.a.O. S. 334. Zu MATTHAEUS vgl. oben S. 53

[81]) a.a.O. S. 325. Vgl. auch S. 337: *Und vollkommen ist die Beschuldigung dann erwiesen, wenn der untersuchende Richter von der Wahrheit derselben, also davon, daß der Inculpat das ihm beygemessene Verbrechen wirklich begangen habe, völlig überzeugt ist.*

voraussetze[82]). Damit aber darf mit dem Jahre 1805 unser Grundsatz als allgemein von der deutschen Wissenschaft anerkannt gelten.

5) Die preußische Criminalordnung von 1805

In der Praxis war jedoch – wie oben schon gezeigt worden ist[83]) – eher das Gegenteil der Fall. Diese Rechtsprechung wurde nun im Jahre 1805 noch dadurch bestärkt, daß die am 11. Dezember dieses Jahres erlassene preußische Criminalordnung, die erste neue deutsche Prozeßordnung im 19. Jahrhundert, die Verdachtstrafe gesetzlich sanktionierte.

§ 391 dieser Criminalordnung lautet: *Auf eine gelindere, als die gesetzliche, oder auf eine außerordentliche Strafe, soll erkannt werden, wenn gegen den Angeschuldigten erhebliche Beweise vorhanden, diese aber nicht so vollständig sind, daß er der That für völlig überführt geachtet werden könnte.* Das bezog sich nun nicht etwa auf eine Unvollständigkeit des nach gemeinem Recht notwendigen Beweises, denn im § 405 heißt es: *Wenn mehrere Anzeigen in einem Falle zusammentreffen, welche miteinander übereinstimmen, und durch den schlimmen Charakter des Verdächtigen und die bisherige schlechte Lebensweise desselben unterstützt werden; so ist ein hoher Grad von Wahrscheinlichkeit vorhanden, bei dem eine außerordentliche Strafe in der Regel kein Bedenken haben kann.* Der eigentliche Grund für die Verurteilung also ist die *Wahrscheinlichkeit*, d.h. der Verdacht. In offenem Widerspruch zu den §§ 391 und 405 steht allerdings der § 393, in dem als zur Verurteilung hinreichend nur die zweifelsfreie Überzeugung des Richters bezeichnet und diese dann wie folgt definiert wird: *Der Richter hat hinreichende Gewißheit, wenn für die Wahrheit eines Umstandes vollkommen überzeugende Gründe vorhanden sind, und nach dem gewöhnlichen Laufe der Dinge ein bedeutender Grund für das Gegentheil nicht wohl denkbar ist.*

Wie oben bereits ausgeführt[84]), kann diese von Kleinschrod stammende Definition der zur Bestrafung hinreichenden richterlichen Gewißheit nur dort als Ausdruck unseres Grundsatzes angesprochen werden, wo nicht gleichzeitig die Verdachtstrafe zugelassen wurde. Das aber ist hier der Fall, denn gem. §§ 391, 405 der preußischen Criminalordnung von 1805 sollte auch dann bestraft werden, wenn die zur Bestrafung an sich notwendige richterliche Gewißheit nicht vorlag.

Dennoch findet sich auch in dieser Criminalordnung das i.d.p.r. Der § 402 schreibt vor, daß im Zweifel über den subjektiven Tatbestand der

---

[82]) Vgl. Feuerbach Lehrbuch §§ 83, 569. Tittmann Bd. I S. 369. Feuerbach spricht sich allerdings hier noch *bei Ungewißheit der Schuld oder Unschuld* für die Absolution von der Instanz aus, vgl. § 616

[83]) Vgl. oben S. 70. Es scheint jedoch auch Ausnahmen gegeben zu haben, denn Stübel berichtet *auf Grund seiner vieljährigen Erfahrung*, daß die Dicasteria in Chursachsen den Angeklagten als nicht überführt mit einer *poena extraordinaria* nur dann belegt hätten, wenn sie von seiner Schuld überzeugt gewesen wären aber keinen gesetzlichen Beweis hätten führen können. Vgl. a.a.O. S. 339

[84]) Siehe oben S. 72

dem Täter günstigere Sachverhalt, die Fahrlässigkeit, als gegeben angenommen werden solle.

Ein derartiger Widerspruch zwischen einer Anwendung des i.d.p.r. im Einzelfall und der gleichzeitigen Ablehnung als Grundsatz ist uns bei der Untersuchung früherer Stadien der Rechtsentwicklung häufiger begegnet. Daß die preußische Criminalordnung von 1805 ihn noch aufweist, unterstreicht ihre Rückständigkeit ebensosehr wie die Tatsache, daß sie noch einen weiteren Widerspruch enthält, den KLEINSCHROD schon 19 Jahre zuvor entdeckt hatte. Die Criminalordnung spricht in den §§ 391 und 405 noch ausdrücklich von Strafen, während sie in § 393 als zur Bestrafung allein hinreichend nur die über jeden vernünftigen Zweifel erhabene Gewißheit des Richters anerkennen will. KLEINSCHROD und ihm folgend KLEIN hatten sich wegen dieses Widerspruches schon nicht mehr in der Lage gesehen, die Verdachtstrafe zu rechtfertigen und hatten sie deshalb als Sicherungsmaßregel *betrachtet*. Die Verfasser der Criminalordnung scheinen diesen Widerspruch jedoch übersehen zu haben. Ebenso übersah ihn insbesondere die preußische Justiz, die noch bis zum Ende der 30iger Jahre des 19. Jahrhunderts Verdachtstrafen verhängte, wie im einzelnen noch zu zeigen sein wird[85]).

6) Der Kampf der Wissenschaft gegen die Verdachtstrafe bis 1835

Die Wissenschaft jedoch ließ sich auch durch die preußische Criminalordnung von 1805 in ihrem Bemühen, die Haltlosigkeit der Verdachtstrafe zu beweisen und die Anwendung des i.d.p.r. auch in der Praxis durchzusetzen, nicht einschüchtern.

a) Im Jahre 1807 erklärte KONOPACK in einer längeren Abhandlung zur Lehre vom künstlichen Beweise[86]), das Resultat dieser Erörterungen könne nur folgendes sein: *Ohne vollständigen Beweis soll Niemand verurtheilt werden. Auf welche Art aber derselbe geführt worden, ist gleichgültig, wenn er nur solche Gewißheit wirkt, die, nach dem gewöhnlichen Laufe der Dinge, die Möglichkeit des Gegentheils ausschließt*[87]). Zwar hat auch KONOPACK das i.d.p.r. hier wieder nur inzident ausgesprochen, vier Jahre später sollte es jedoch zum ersten Male in jenem Wortlaut geprägt werden, in dem wir es heute kennen und verwenden.

b) In seinem fünfbändigen Werk über das Kriminalverfahren in den deutschen Gerichten entwickelt STÜBEL eine Beweislehre, die sich ebenfalls stark an das Zivilrecht anlehnt. Er unterscheidet zwischen Beweis und Gegenbeweis[89]). Fehle es an dem vom Ankläger zu führenden Beweis, so

---

[85]) Vgl. unten S. 89

[86]) Im Archiv des Criminalrechts Bd. VII 1. Stück S. 9ff., S. 83ff.

[87]) a.a.O. S. 133

[89]) Vgl. Bd. III § 1096

werde der Angeklagte nach dem Grundsatz *actore non probante reus absolvitur* freigesprochen[90]).

Trat der Ankläger aber den Schuldbeweis an und verteidigte sich der Angeklagte dann durch Führung eines Gegenbeweises, so sollten sich diese Beweise nicht aufheben, sondern nebeneinander bestehen[91]). Die Entscheidung dieser Zweifelssituation sollte jedoch nicht nur auf der Präsumtion beruhen, *welche der Beweisführer wider sich und der Gegenbeweisführer für sich*[92]) habe, sondern in *Criminalsachen, deren Entscheidung oft den Verlust unersetzlicher und der wichtigsten Rechte nach sich ziehen, kommt aber noch der Grundsatz in dubio pro reo in Anwendung.*[93])

Stübel verwendet hier zwei Argumente für seine Entscheidung, daß im Zweifel für den Angeklagten entschieden werden müsse. Einmal folgert er das aus der Unschuldvermutung, die er im Gegensatz zu der zivilrechtlichen Beweislastverteilung hier zugunsten des Gegenbeweisführers, also des Angeklagten, verwenden will. Zum anderen will Stübel aber auch die alte Anweisung Trajans befolgen, nämlich auf keinen Fall einem Unschuldigen *den Verlust unersetzlicher und der wichtigsten Rechte* zumuten.

Zwar spricht Stübel das *in dubio pro reo* erst im Zusammenhang mit dem zweiten Argument aus. Seine dem Ausspruch unseres Grundsatzes zugrunde liegende Entscheidung, daß die dem Angeklagten vorgeworfene Tat im Zweifel als nicht bewiesen anzusehen sei, stützt er jedoch auch auf die Unschuldvermutung.

Fraglich bleibt, ob Stübel die Worte *in dubio pro reo* selber geprägt, oder ob er sie ganz oder jedenfalls teilweise von einem anderen Autor übernommen hat. Letzteres ist, wie ein Blick auf eine Anmerkung bei Stübel lehrt, der Fall. Diese Anmerkung verweist auf L. 38 D de re iud., also auf D 42, 1, 38., welches Fragment lautet: *Inter pares numero iudices si dissonae sententiae proferantur, in liberalibus quidem causis, secundum quod a Divo Pio constitutum est, pro libertate statutum obtinet, in aliis autem causis pro reo. Quod et in iudiciis publicis obtinere oportet*[94]).

Dieses von Paulus, also aus der Zeit um 200 n. Chr. stammende Fragment enthält zwar lediglich die letzten beiden Worte aus dem heutigen Wortlaut unseres Grundsatzes, nämlich das *pro reo* am Ende des ersten Satzes. Doch müßte an sich aus der Tatsache, daß Stübel ausdrücklich auf diese Digestenstelle verweist, nicht nur geschlossen werden können, daß er ihr jedenfalls diese beiden Worte entnommen hat, sondern darüber hinaus

---

[90]) a.a.O. § 1152; vgl. auch Heffter § 644, Siegen S. 117. Damit haben Stübel, Heffter und Siegen diesen aus dem kanonischen Recht stammenden Satz richtig interpretiert. Er hat mit dem i.d.p.r. nichts zu tun, denn wo ein Schuldbeweis gar nicht erst angetreten wird, kann kein Zweifel entstehen; vgl. hierzu oben S. 16

[91]) a.a.O. § 1149

[92]) a.a.O. § 1153. Ebenso argumentiert auch Grolmann vgl. Grundsätze der Kriminalrechtswissenschaft § 506. Beide waren dabei offensichtlich beeinflußt von v. Globig's 1806 erschienenem Versuch einer Theorie der Wahrscheinlichkeit, vgl. dort insbesondere Bd. II S. 39ff.

[93]) Vgl. Bd. III § 1154

[94]) Übersetzung vgl. Anm. 14 oben S. 3

auch, daß er sich durch dieses Fragment habe anregen lassen, ihnen die Worte *in dubio* hinzuzufügen und derart den Wortlaut unseres Grundsatzes zu bilden.

Nun bezieht sich der erste Satz dieses Fragments, dem die Worte *pro reo* entstammen, aber nicht auf das Strafprozeßrecht, sondern eindeutig auf den Zivilprozeß. Zwar verweist der zweite Satz auch auf das römische Strafprozeßrecht. Doch enthält das ganze Fragment keineswegs eine Entscheidung i.d.p.r. Es begünstigt den Beklagten im Zivilprozeß wie den Angeklagten im Strafprozeßrecht nur dadurch, daß bei Stimmengleichheit – und nicht im Zweifel – zugunsten des *reus* entschieden, er also, sofern es sich um einen Strafprozeß handelte, freigesprochen werden sollte[95]).

Danach erscheint es kaum glaubhaft, daß Stübel das von ihm zitierte Paulusfragment wirklich als Ursprung und Anregung des Wortlautes *in dubio pro reo* bezeichnen wollte. Wahrscheinlicher ist, daß er das Zitat, ohne es zu prüfen, übernommen hat. Es konnte jedoch nicht festgestellt werden, von wem.

Festzuhalten bleibt für diese Untersuchung, daß der Wortlaut unseres Grundsatzes jedenfalls teilweise entnommen worden ist aus einem Digestenfragment, das unseren Grundsatz nicht ausspricht und sich darüber hinaus mit jenem Teil, der die Worte *pro reo* enthält, auch nicht auf das Strafprozeßrecht, sondern auf den Zivilprozeß bezieht.

Dieses Kuriosum verdient es zwar, aufgezeichnet zu werden. Für die weitere Entwicklung zur allgemeinen Anerkennung unseres Grundsatzes auch durch die Praxis war jedoch die Tatsache wichtiger, daß der auch bei den Praktikern außerordentlich angesehene Stübel in diesem Werk die Verdachtstrafe wiederum scharf angriff und ihre Unhaltbarkeit – wenn auch mit heute eigenartig anmutenden, zivilrechtlichen Argumenten – nachzuweisen suchte. Aus einem unvollkommenen Beweise, so folgert Stübel, ergebe sich nur Wahrscheinlichkeit, da es an der zur Verurteilung berechtigenden, vollkommenen Überzeugung des Richters von der Schuld des Angeklagten mangele[96]). Ein derartiger Beweis könne daher auch nur ein *wahrscheinliches Recht* (zur Verurteilung nämlich) begründen[97]). Ein derartiges Recht aber sei jedoch ebensowenig ein brauchbares Recht wie eine wahrscheinliche Schuldforderung, die ja auch nicht *exigibel* sei[98]).

Während Stübel das Verhängen einer Verdachtstrafe bei unvollkommenem Beweis derart ablehnt, findet er gegen den Ausspruch der absolutio ab instantia in diesem Falle noch nichts einzuwenden[99]). Diese Ansicht Stübels entsprach nicht nur der Praxis dieser Zeit[100]), sondern auch einer unter seinen Kollegen noch weit verbreiteten Meinung[101]).

---

[95]) Vgl. oben S. 4

[96]) Vgl. Bd. III §§ 1214ff., insbes. § 1218

[97]) a.a.O. § 1219

[98]) a.a.O.

[99]) a.a.O. §§ 1244ff.

[100]) Vgl. § 412 der preußischen Criminalordnung von 1805 und Art. 356 des Bayerischen Strafgesetzbuches von 1813, 2. Teil.

[101]) Vgl. Feuerbach oben S. 80 Anm. 82; Ranfft oben S. 77 Anm. 68; Grolmann § 514

Diese Freisprechung von der Instanz, mit der der Angeklagte wegen eines verbliebenen Verdachtes nur außer Verfolgung gesetzt, nicht aber freigesprochen wurde, stellte ebenfalls einen Verstoß gegen unseren Grundsatz dar[102]), wenngleich auch einen wesentlich weniger schwerwiegenden als die Verdachtstrafe.

Nachdem die Wissenschaft das i.d.p.r. zu Anfang des 19. Jahrhunderts als Grundsatz des Strafprozeßrechts anerkannt hatte, mußte daher zwangsläufig auch die absolutio ab instantia in die Blickrichtung dieser Wissenschaft geraten und dementsprechend der Ablehnung verfallen.

c) Der erste Wissenschaftler, der den Widerspruch zwischen absolutio ab instantia und unserem Grundsatz entdeckte[103]), und die Rechtfertigung der Freisprechung von der Instanz daraufhin zerstörte, war MITTERMAIER[104]). Bevor jedoch diese Tat geschildert wird, sei ein kurzer Rückblick auf die vorangehenden Werke dieses »international berühmtesten unter allen deutschen Juristen seiner Zeit«[105]) gestattet. Sie sind für die Entwicklung unseres Grundsatzes insofern von Bedeutung, als sie die bisherigen, oben dargestellten Erkenntnisse der deutschen Wissenschaft mit lucider Klarheit und Präzision zusammenfaßten, komprimierten und damit sicherstellten, daß das i.d.p.r. zum »unanfechtbaren Prinzip«[106]) des deutschen Strafprozeßrechts werden konnte, sobald die Verdachtstrafe und die absolutio ab instantia aus demselben verschwunden waren.

Sein erstes und schon gleich international berühmt gewordenes Buch, die »Theorie des Beweises im peinlichen Processe«[107]), veröffentlichte der zu dieser Zeit erst 22jährige MITTERMAIER im Jahre 1809[108]).

Schon in dieser Arbeit verriet er jene, insbesondere angesichts seiner Jugend bewundernswerte Präzision des Denkens und Klarheit der Darstellung, die ihn vor vielen anderen Juristen seiner Zeit auszeichnete.

Grundlage jedes Strafverfahrens ist für MITTERMAIER die Unschuldvermutung, die er als das *vollkommene Recht jedes Angeschuldigten*[109]) bezeichnet. Das Verfahren selber, so sagt er, bestehe *in einem wahren Kampfe der Verdachtsgründe gegen jene allgemeine Vermuthung*[110]). Diesen Kampf aber könnten die Verdachtsgründe nur dann gewinnen, wenn der Richter Gewißheit von ihrer Richtigkeit gewonnen habe. *Gewißheit ist der eigentliche Zweck des Beweises*[111]). Derartige Gewißheit aber besitze nur derjenige Richter, *dem eine solche Staerke von überzeugenden Gründen gegeben ist, welche aus dem Bewußtseyn die*

---

[102]) Vgl. oben S. 53
[103]) MATTHAEUS hatte die absolutio ab instantia aus anderen Gründen abgelehnt.
[104]) 1787 bis 1867
[105]) RADBRUCH, zitiert nach EB. SCHMIDT Einführung S. 278
[106]) Vgl. STREE S. 5
[107]) 1858 erschien dieses Buch in italienischer Übersetzung.
[108]) Der breiten Öffentlichkeit wurde diese Schrift jedoch erst 1821 zugänglich, vgl. MITTERMAIER S. 1
[109]) Vgl. S. 33
[110]) a.a.O.
[111]) S. 48

Moeglichkeit des Gegentheils ausschließt[112]). Mit dieser, ursprünglich von Kleinschrod geprägten Definition der richterlichen Überzeugung bekannte auch Mittermaier sich zum i. d. p. r. Darüberhinaus folgerte er aus diesem Satz aber auch, daß es einen nach dem Grade der Überzeugung gestuften Beweis nicht geben könne: *Wo also diese Gewißheit nicht existiert, da ist auch kein Beweis vorhanden, und so wenig es verschiedene Arten der Gewißheit giebt, eben so wenig giebt es verschiedene Beweise*[113]). Damit aber war der Verdachtstrafe, die ja einen Beweis minderen Grades voraussetzt, schon in dieser tatsächlichen Hinsicht der Boden entzogen. Darüber hinaus stellt Mittermaier aber auch ausdrücklich fest, daß die Verdachtstrafe widerrechtlich sei, weil jeder Bürger das Recht habe, *zu fordern, daß ihm* 1. *nur die gesetzliche Strafe*, 2. *und diese nur dann, wenn der Staat volle Gewißheit hat, daß er das Verbrechen beging, zugefügt werde*[114]).

Den Versuch Kleins und Kleinschrods, die Verdachtstrafe als Sicherungsmaßregel zu *betrachten*, verwirft er als *bloses Wortspiel*[115]). Kleinschrods ewige Verwahrung sei ein *fürchterlicher Gedanke*[116]).

Als Resultat dieser Arbeit stellt Mittermaier fest: *Die Strafe folgt unmittelbar dem erwiesenen Verbrechen, und nur dadurch wird sie gerecht, weil der Grund als erwiesen hergestellt ist, aus welchem der Verbrecher sie verdient. Überall, wo also diese Stuffe der Gewißheit nicht erreicht ist, kann auch die Strafe nicht gerecht seyn*[117]).

Ungerecht war dementsprechend vor allen Dingen die Verdachtstrafe, denn diese setzte ja voraus, daß der Richter die *Stuffe der Gewißheit* nicht erreicht habe.

Mit diesem Verdikt Mittermaiers war die Verdachtstrafe in der Wissenschaft vollends indiskutabel geworden. Unter den zahlreichen Veröffentlichungen aus den 30iger und 40iger Jahren des 19. Jahrhunderts, die sich mit dem Strafprozeßrecht beschäftigen, findet sich auch nicht eine von Bedeutung mehr, in der die Verdachtstrafe nicht sehr scharfe Ablehnung gefunden hätte[118]).

Damit hatte Mittermaier zwar dem wichtigsten Hindernis auf dem Wege zu einer allgemeinen Anerkennung unseres Grundsatzes den Boden entzogen. Zu einer ganz konsequenten Anwendung des i. d. p. r. vermochte er sich jedoch in dieser Arbeit noch nicht durchzuringen. Für den Fall, daß

---

112) S. 76
113) S. 122
114) S. 458
115) S. 465
116) S. 471
117) S. 473 ff.; vgl. auch die 1813 erstmals erschienene »Anleitung zur Verteidigungskunst« § 30
118) Die einzigen mir bekannten Ausnahmen sind Salchow's 1817 in 2. Aufl. erschienenes Lehrbuch, in dem er allerdings auch die Tortur noch bejaht – vgl. § 639, das Handbuch des preußischen Criminal-Processes von Hafemann (1832), der sich insoweit allerdings auf den § 405 der preuß. Criminalordnung von 1805 stützt, der Aufsatz von Schede in Hitzig's Zeitschrift Bd. VIII S. 312 ff., sowie schließlich das unten (S. 89) geschilderte Urteil der Juristischen Fakultät der Universität Würzburg.

die Indicien so stark seyn, daß alle Gegenindicien ausgeschlossen werden und der volle Verdacht zurückbleibt . . ., und daß es dem Richter gaenzlich unmoeglich ist, ein gesetzlich gebilligtes Beweismittel aufzufinden, für diesen Fall will MITTERMAIER doch noch die absolutio ab instantia angewendet sehen[119]).

Dabei ist er an sich durchaus bereit, dem Schutz des Individuums den Vorrang vor dem staatlichen Strafverfolgungsinteresse einzuräumen[120]). Auch das Risiko, daß ein Schuldiger der Strafverfolgung entgehe, will er eingehen, wie die Tatsache beweist, daß er als Abschluß dieser Arbeit das TRAJANrescript ausdrücklich und vollen Inhalts zitiert. Dennoch will er gegen die absolutio ab instantia in diesem Fall keine Einwendungen erheben, weil die *dringenden Gründe der Wahrscheinlichkeit* es nicht erlaubten, den Angeklagten gänzlich freizusprechen[121]).

Doch hat er das alsbald nachgeholt. So betont er schon in seiner 1827 erschienenen Darstellung des deutschen Strafverfahrens, daß die absolutio ab instantia zwar von der Praxis fortwährend ausgesprochen werde, er selber sie jedoch für *nicht consequent* und *bedenklich* halte, weil sie *dem Angeschuldigten, der nicht überwiesen ist, doch Uebel auflegt*[122]). Was MITTERMAIER im Jahre 1827 noch für bedenklich hielt, bezeichnete er 1834 in seiner Lehre vom Beweise zutreffend als rechtswidrig, weil mit der Freisprechung von der Instanz der Grundsatz verletzt werde, *daß Niemand rechtlich eine nachtheilige Folge einer Handlung erleiden darf, als derjenige, welcher rechtlich überwiesen ist, daß er die Handlung begangen habe, als deren Folgen gesetzlich die Uebel ausgesprochen sind*[123]).

Die Rechtmäßigkeit der absolutio ab instantia müsse daher, so folgert MITTERMAIER, als *zerstört*[124]) gelten.

d) Abgesehen davon, daß sich die Praxis der absolutio ab instantia noch weiter bediente, ist auch die Wissenschaft diesem Urteil MITTERMAIERS nicht so schnell gefolgt wie seiner Absage an die Verdachtstrafe. So erklärt sich die Tatsache, daß in den 30iger Jahren des 19. Jahrhunderts die Verdachtstrafe zwar in jeder bedeutenden einschlägigen Veröffentlichung, teilweise sogar unter Berufung auf die Idee des i.d.p.r., abgelehnt, die absolutio ab instantia aber von denselben Autoren jedenfalls geduldet wurde. WÄCHTER z.B. bezeichnet schon 1825 die Verdachtstrafe als *sowol unseren pos. Gesetzen als auch der Vernunft gleich widersprechend*[125]). Wenige Seiten später spricht er jedoch von der absolutio ab instantia noch wie selbstverständlich[126]). Das gleiche läßt sich bei HEFFTER beobachten, der in seinem 1833

---

119) a.a.O. S. 490
EB. SCHMIDT Einführung S. 278 irrt, wenn er schreibt, MITTERMAIER habe schon in diesem Buch der Instanzentbindung eine Absage erteilt.

120) So wenn er von dem *Rechte* der Bürger auf gesetzliche Bestrafung spricht.

121) S. 491

122) Vgl. § 186 S. 313

123) Vgl. S. 472

124) Vgl. S. 471

125) § 113 Anm. 62

126) § 126 Anm. 13

erstmals erschienenen Lehrbuch die Verdachtstrafe zwar als *vernunftwidrig* bezeichnet[127]), die absolutio ab instantia aber bestehen lassen will[128]).

Auch ABEGG vermochte den Widerspruch zwischen der Anwendung der absolutio ab instantia, die er bejaht[129]), und seiner Ablehnung der Verdachtstrafe, die er mit dem Fehlen der zweifelsfreien Gewißheit, also mit der Idee unseres Grundsatzes begründet[130]), offenbar nicht zu entdecken. Schließlich hat auch BAUER, der in seinem 1835 erschienenen, dem Strafprozeß gewidmeten Lehrbuch die Beweislehre ganz besonders gründlich behandelte[131]), die Verdachtstrafe zwar abgelehnt. Sie gefährde die Unschuld, vernichte die gesetzliche Beweistheorie und widerspreche sowohl den allgemeinen Grundsätzen von der Gesetzesanwendung wie auch den gesetzlichen Vorschriften[132]). Sie sei daher für eine Ungerechtigkeit zu halten[133]). Derselbe BAUER will aber im § 193 desselben Buches die absolutio ab instantia angewendet wissen[134]).

Diese zähe Lebenskraft der absolutio ab instantia findet ihre Erklärung in erster Linie darin, daß sich die Wissenschaft offensichtlich völlig auf den Kampf gegen die von der Praxis weiter verhängte Verdachtstrafe konzentrierte.

e) Mit welcher Erbitterung dieser Kampf durch die Wissenschaft geführt worden ist, beweisen schon die scharfen Formulierungen, die man für die Verdachtstrafe fand[135]), sodann aber auch die Tatsache, daß ein Außenstehender, der Schweizer LUFFT, im Jahre 1837 in einem Gesetzgebungsantrag an den Großen Rath der Republik Bern die Einstellung der deutschen Strafprozeßrechtswissenschaft zu der Verdachtstrafe wie folgt charakterisieren konnte: *Die Criminalrechtswissenschaft der neuern Zeit befindet sich im Zustande der Empörung gegen das System außerordentlicher Strafen, als ein System privilegirter Ungerechtigkeit*[136]).

f) Wie empfindlich die Wissenschaft schon reagierte, wenn auch nur behauptet wurde, in ihren Landen sei die Verdachtstrafe noch rechtmäßig, zeigt die Reaktion auf die Gutachten der Rheinischen Immediat-Justiz-Commission zu Cöln[137]). Wiewohl diese Gutachten nicht veröffentlich

---

[127]) § 647

[128]) § 649, obwohl HEFFTER in Anm. 2 ausdrücklich darauf hinweist, daß MITTERMAIER in der Lehre vom Beweise die absolutio ab instantia abgelehnt habe.

[129]) S. 292

[130]) S. 151

[131]) Vgl. §§ 94 bis 174; BAUER darf dabei als typischer Vertreter jener Wissenschaftler gelten, die das Beweisrecht des Zivilprozesses auf das Strafprozeßrecht zu übertragen suchten.

[132]) Als solche führt er das TRAJANrescript (D. 48, 19, 5) an. Vgl. § 111 Anm. c.

[133]) § 111

[134]) Vgl. ferner STROMBECK in Hitzig's Annalen 1831 Bd. II S. 64 und KLENZE S. 93

[135]) Vgl. WÄCHTER, BAUER und HEFFTER a.a.O. sowie ROSSHIRT, der sie als *Unding* (vgl. S. 365) und LOMBARD, der sie als *Unsinn* (vgl. in Hitzig's Zeitschrift Bd. 6 S. 406) bezeichneten.

[136]) In Demme's Annalen Bd. I S. 194

[137]) Diese wurde auf Betreiben des preußischen Staatskanzlers v. HARDENBERG gegen den erbitterten Widerstand des Justizministers v. KIRCHEISEN eingesetzt. Sie sollte überprüfen, ob in den von Preußen neuerworbenen, linksrheinischen Gebieten das dort

worden sind, sickerte alsbald durch, daß die Commission der preussischen Criminalordnung von 1805 den Vorwurf gemacht habe, *sie gestatte durch Beibehaltung der außerordentlichen Strafe dem Mißbrauche Raum, daß jemand wegen eines bloßen Verdachtes bestraft werden könne*[138]). JARKE versuchte daraufhin in einem längeren Aufsatz[139]) zu beweisen, daß nicht sein könne, was nicht sein dürfe: Die Verdachtstrafe sei rechtswidrig, weil sie gegen den Grundsatz verstoße, daß nur die über jeden Zweifel erhabene Gewißheit des Richters von der Schuld des Angeklagten eine Bestrafung zu rechtfertigen vermöge[140]). Da der § 405 der preußischen Criminalordnung die Verdachtstrafe nur *in der Regel* verhängt wissen wolle, sei kein Richter gezwungen, sie auszusprechen. Im Gegenteil, der vom Richter *vornehmlich zu beachtende* § 393 schreibe ja ausdrücklich vor, daß eine Bestrafung nur dann erfolgen dürfe, wenn der Richter von der Schuld des Angeklagten zweifelsfrei überzeugt sei[141]). Damit *verschwinde* jedoch der Vorwurf, die preußische Criminalordnung strafe auf bloßen Verdacht[142]).

HITZIG bemerkte zu diesem Aufsatz[143]), JARKE habe den Vorwurf der Immediat-Justiz-Commission *auf das Gründlichste* widerlegt[144]).

Zu der Zeit – 1825 – als sich JARKE und HITZIG derart für die preußische Justiz in die Bresche warfen, verhängte diese jedoch durchaus noch Verdachtstrafen.

---

geltende französische Recht oder jedenfalls Teile desselben beibehalten werden oder ob das preußische Recht dort eingeführt werden sollte. Näheres hierzu bei LANDSBERG. Die Gutachten der Rheinischen Immediat-Justiz-Kommission, Einleitung; STÖLZL S. 429, 441 ff. und SCHWINGE.

138) So HITZIG in seiner Zeitschrift Bd. I S. 244. Zu dem teils gewollten, teils ungewollten Bekanntwerden des Inhaltes der Gutachten, vergl. LANDSBERG a.a.O. S. LXXXIff. Tatsächlich hatte die Commission sich in ihrem Gutachten über das Geschworenengericht vom 19. Mai 1818 mit einer in ihren sonstigen Gutachten nicht enthaltenen Bestimmtheit und Schärfe gegen den § 405 der Preussischen Criminalordnung gewand. Es heißt dort, die Preussische Criminalordnung sei *ungerecht* (a.a.O. S. 149). Hinsichtlich der außerordentlichen Strafe erklärte sich die Commission daher einstimmig für das französische und gegen das preußische Recht (a.a.O. S. 146). In den »Resultaten« vom 9. Mai 1818 heißt es dann: *Ausserordentliche Strafen wegen Mangels an Beweisen dürfen in keinem Fall stattfinden* (a.a.O. S. 207 sub 13).

139) Im Neuen Archiv des Criminalrechts Bd. VIII S. 97ff., vgl. auch ders. in Hitzig's Zeitschrift Bd. X S. 129ff.

140) Neues Archiv des Criminalrechts Bd. VIII S. 116

141) a.a.O. S. 136f.

142) a.a.O. S. 139

143) a.a.O. S. 244

144) Vgl. auch das von HITZIG, a.a.O. S. 251f., zitierte Gutachten des zu dieser Zeit bereits verstorbenen Justizministers v. KIRCHEISEN, der ausgeführt hatte: *Die Immediat-Justiz-Commission kämpft mit Recht dagegen, daß jemand wegen eines bloßen Verdachts zur Strafe verurtheilt werde.* Der preußischen Criminalordnung werde aber zu Unrecht der Vorwurf gemacht, daß diese die Verdachtstrafe sanktioniere. Denn von Verdacht spreche nur der § 409, der die absolutio ab instantia bestimme. Der § 405 knüpfe an die Wahrheit, nicht aber an den Verdacht an. (Der vollständige Text des Gutachtens von v. KIRCHEISEN findet sich bei LANDSBERG S. 303) Vgl. auch den Aufsatz von HERTEL, im Neuen Archiv des Criminalrechts Bd. IX S. 297ff., in dem dieser behauptet, er habe *noch nie gehört*, daß bei unvollständigem Beweise eine außerordentliche Strafe verhängt werde.

So schlägt der Criminalsenat des Kammergerichtes in einem Gutachten vom 18. Juni 1821 vor, einen Angeklagten, der sich zwar eingestandenermaßen an einer Schlägerei mit Todesfolge beteiligt hatte, wegen vorsätzlichen Totschlags mit einer außerordentlichen Strafe von fünf Jahren Zuchthaus zu bestrafen, obwohl das Gericht es selber nur für *wahrscheinlich* – wenn auch im *größtmöglichsten Grade* – hielt, daß der Angeklagte der Täter gewesen sei[145]).

Im V. Band seiner Zeitschrift veröffentlicht Hitzig ein Urteil eines ungenannten preußischen Berufungsgerichtes. Vorgeworfen wurde dem Angeklagten in diesem Falle ein Giftmord, und er war dafür in erster Instanz zu einer außerordentlichen Strafe von 15 Jahren Festungsarrest verurteilt worden. In den Gründen erkennt das Berufungsgericht zwar ausdrücklich an, daß *die wesentlichen Bestandtheile einer Vergiftung im vorliegenden Falle nicht vollständig* nachgewiesen und daher auch nur eine *unvollkommene Gewißheit über die objective Existenz der That* vorhanden sei[146]). Dennoch wird das erstinstanzliche Urteil bestätigt, weil *mehrere Tatsachen entwickelt* (worden sind), *welche mit vollkommener Sicherheit auf die an und für sich höchst wahrscheinliche Vergiftung des N. durch den Angeklagten schließen lassen*[147]). Ein typischer Fall der Verdachtstrafe. Bemerkenswert ist an dieser Entscheidung, daß sie auf Einwendungen, die der Verteidiger gegen die Zulässigkeit der Verdachtstrafe vorgebracht hatte, eingeht. Die Verdachtstrafe, so heißt es dort, sei im § 405 der Criminalordnung gesetzlich sanktioniert. *Und die in der Vertheidigungsschrift gegen die Zulässigkeit einer Strafe bei unvollkommenem Beweise vorgetragenen Ideen der Rechtsphilosophie eignen sich daher in einem Urtheilsspruch, der auf positiven Normen beruht, zu keiner Betrachtung*[148]).

Daß diese nicht eben sehr überzeugende Ablehnung ihrer Bedenken gegen die Verdachtstrafe die Wissenschaft empören mußte[149]), erscheint auch rückblickend verständlich.

Weniger verständlich ist es dagegen, daß sich bei der allgemeinen Empörung der Wissenschaft gegen die Verdachtstrafe noch 1824 ein mit Wissenschaftlern besetztes Gericht fand, das eine Verdachtstrafe verhängte. Am 22. Juni 1824 verurteilte die Juristische Fakultät der Universität Würzburg als Berufungsinstanz eine Frau zu einer außerordentlichen, lebenslänglichen Zuchthausstrafe[150]). Diesem Urteil lag folgender Sachverhalt zugrunde: Die Angeklagte hatte zugegeben, daß der Leichnam eines in einem Teich gefundenen Kindes der ihres unehelich geborenen Jungen sei. Sie hatte wieder-

---

145) Vgl. Hitzig's Zeitschrift Bd. IV S. 271ff. (S. 310). Hier handelt es sich nicht etwa um eine Strafe für einen Raufhandel.

146) a.a.O. S. 59

147) a.a.O. S. 130

148) a.a.O. S. 131

149) Vgl. oben S. 87 Anm. 135, aber auch Jarke in Hitzig's Zeitschrift Bd. X S. 157, wo er bissig bemerkt, es sei doch wohl unmöglich einzusehen, wie ein Richter mit gutem Gewissen es anders halten könne, als einen Angeschuldigten, an dessen Schuld er Zweifel hege, freizusprechen.

150) Vgl. Hitzig's Annalen Bd. II S. 276ff.

holt gestanden, sie habe das Kind lebend in den Teich geworfen, um es ertrinken zu lassen. Dann aber hatte sie das Geständnis widerrufen und behauptet, das Kind sei bereits tot gewesen, als sie es in den Teich geworfen habe. Die medizinischen Sachverständigen hielten es für *möglich*, daß das Kind tatsächlich schon eines natürlichen Todes gestorben gewesen sei, als es in das Wasser geworfen wurde[151]).

Aus diesen Feststellungen schloß die Fakultät: *Dies wiederholt abgelegte Geständnis ist für durchgängig wahr befunden worden, und hat nur in Hinsicht des Hauptpunctes einige Zweifel gegen sich, welche es zwar schwächen, aber keineswegs aufheben. Es ist also zwar nicht geeignet, die Todesstrafe darauf zu gründen, es gewährt aber doch noch eine solche Überzeugung, daß die nächste Strafe nach dem Tode erkannt werden kann*[152]). Die Fakultät geht dann noch ausdrücklich auf die Frage ein, ob dies denn keine Verdachtstrafe sei, und verneint sie: ... *das von uns erkannte lebenslängliche Zuchthaus* (ist) *nicht als eine sogenannte Verdachtstrafe anzusehen, was sich auch daraus ergiebt, weil nach unserer Ansicht das Geständniß der Inquisitin hinlängliche Ueberzeugung gewährt, um diese Strafe zu erkennen*[153]).

Daß es sich hier entgegen der Ansicht der Fakultät dennoch um eine Verdachtstrafe gehandelt hat, beweist schon diese Begründung der Fakultät für ihre Ansicht, darüber hinaus aber insbesondere die vorhergehenden Sätze der Begründung. Die Fakultät gibt darin zu verstehen, daß sie ihre Überzeugung nur für hinlänglich hält, die mildere, lebenslängliche Zuchthausstrafe zu verhängen, nicht aber die vom Gesetz vorgeschriebene Todesstrafe, d.h., daß die Fakultät von der Schuld der Angeklagten nicht vollständig überzeugt war, daß sie Zweifel daran hegte, ob die Angeklagte ihr Kind wirklich ermordet hatte.

Indem die Fakultät in dieser Art das Strafmaß nach dem Grade der Überzeugung bemaß, erlag sie jedoch einem Trugschluß, dem schon der junge KLEINSCHROD, wenn auch nur für kurze Zeit, verfallen war. Auch KLEINSCHROD hatte geglaubt, die Überzeugung könne nach Graden bemessen werden. Daß dies nicht möglich sei, weil es nur das entweder-oder des Überzeugtseins oder Nichtüberzeugtseins geben kann, hatte zwar auch schon KLEINSCHROD eingesehen und ausgedrückt[154]). Insbesondere aber hatte das MITTERMAIER drei Jahre vor dieser Entscheidung betont, als er in seiner »Theorie des Beweises« aus dem Grundsatz i.d.p.r. folgerte, wo die volle Gewißheit des Richters nicht existiere, da sei auch kein strafrechtlich relevanter Beweis vorhanden.

Diese von einem mit Wissenschaftlern besetzten Gericht gefällte Verdachtstrafe bildet jedoch eine Ausnahme. In aller Regel wurden solche Verdachtstrafen in den 20iger Jahren des 19. Jahrhunderts von den ordentlichen Gerichten verhängt.

So erkannte am 21. Mai 1828 der Criminalsenat des Königlichen Ober-

---

[151]) a.a.O. S. 351
[152]) a.a.O. S. 381
[153]) a.a.O. S. 382f.
[154]) Vgl. oben S. 74

landesgerichtes zu Magdeburg gegen einen wegen Mordes Angeklagten *mit Rücksicht auf die Dringlichkeit des Verdachtes* auf eine dreißigjährige Festungsstrafe[155]). Am 29. Juli desselben Jahres verurteilte der Appellationssenat am Kammergericht in Berlin eine Frau wegen des Verdachtes eines Doppelmordes zu 25 Jahren Zuchthaus[156]). Das im Vergleich zu der Entscheidung des OLG Magdeburg geringere Strafmaß erklärt sich aus der geringeren Schwere des Verdachtes. Als Indizien erster Klasse, also als besonders schwerwiegend, führt der Appellationssenat u.a. an: 1. *Die Neigung der Angeklagten zu Verbrechen ähnlicher Art.* 2. *Das Vorhandenseyn aller Bedingungen, welche zur Verübung des Verbrechens im Allgemeinen als nothwendig vorausgesetzt werden müssen.* Die Justiz-Canzlei in Celle entschied als Berufungsgericht, einen des Mordes Angeklagten mit der von der ersten Instanz im Jahre 1822 verhängten Todesstrafe zu verschonen und ihn stattdessen mit lebenslänglichem Zuchthaus zu betrafen, *weil nicht für völlig erwiesen anzunehmen, daß die von dem Inquisiten dem ... G. an den Kopf gegebenen mehreren Schläge die wahre und alleinige Ursache des Todes dieses gewesen*[157]). Der Criminalsenat zu Stettin schließlich erkannte aber am 27. April 1829 gem. § 405 der preußischen Criminalordnung auf zwanzigjährige Festungsstrafe wegen des Verdachtes der Brandstiftung[158]).

So häufig die Verdachtstrafen in den 20iger Jahren des 19. Jahrhunderts ausgesprochen wurden; in den 30iger Jahren verebbte diese Flut allmählich. Diese zahlenmäßige Verringerung der Verdachtstrafe, die aus deren weniger häufigem Auftauchen in den einschlägigen Zeitschriften geschlossen worden ist, kann nicht nur auf den Einfluß der Wissenschaft, sondern muß auch auf den der in ganz Deutschland zu dieser Zeit beginnenden Beratungen über neue Strafprozeßgesetze zurückgeführt werden, denn in den aus diesen Beratungen hervorgegangenen Entwürfen findet sich die Verdachtstrafe nicht mehr[159]).

Hier sei nur noch ein Beispiel einer Verdachtstrafe aus dieser Zeit erwähnt. Ein ungenanntes preußisches Landgericht verurteilte im Jahre 1830 einen Angeklagten wegen des Verdachtes einer Fundunterschlagung zu sechsmonatiger Zuchthausstrafe und führte dazu aus, er könne nur *extraordinarie* verurteilt werden, *weil der angebliche Fund nicht ganz feststehe*[160]). Das zuständige Oberlandesgericht bestätigte diese Entscheidung.

---

155) Hitzig's Zeitschrift Bd. X S. 1–127

156) Hitzig's Zeitschrift Bd. XII S. 349ff.

157) Hitzig's Annalen Bd. IV S. 303ff. (313).

158) Hitzig's Zeitschrift Bd. XVI S. 55ff. (103); vgl. auch das Urteil eines preußischen Obergerichtes, mit dem der Pfarrer Tinius am 12. 2. 1820 zu achtzehnjähriger Zuchthausstrafe wegen des Verdachts eines Raubmordes verurteilt wurde. Hitzig's Zeitschrift Bd. XV S. 1ff. Ferner das Gutachten des Criminalsenats am Kammergericht, mit dem wegen des Verdachtes des Brudermordes eine außerordentliche Strafe von 10 Jahren Zuchthaus vorgeschlagen wurde; a.a.O. S. 258ff.

159) Vgl. Mittermaiers ausführlichen Bericht über diese Entwürfe im Neuen Archiv des Criminalrechts Bd. XI S. 152ff., 328ff., 436ff. 551ff., sowie Strombecks Entwurf einer Verordnung über das Beweisrecht für Braunschweig, vgl. S. 57

160) Hitzig's Zeitschrift Bd. XVIII S. 159ff. (162).

In den 40iger Jahren des 19. Jahrhunderts finden Verdachtstrafen in den einschlägigen Zeitschriften dann schon keine Erwähnung mehr. Zwar darf daraus gefolgert werden, sie seien nicht, oder jedenfalls nicht mehr in nennenswerter Anzahl verhängt worden. Eine allgemeine Anerkennung unseres Grundsatzes auch durch die Praxis kann aus dieser Tatsache jedoch noch nicht geschlossen werden.

In demselben Umfang, in dem die Verdachtstrafen allmählich verschwanden, nahm nämlich die Zahl der Freisprechungen von der Instanz zu. So wurden z.B. in Bayern im Jahre 1817 von insgesamt 6413 Angeschuldigten 1707, also 27%, frei- und 1112, also 17%, von der Instanz losgesprochen[161]). Im Jahre 1826/27 war der Anteil der von der Instanz freigesprochenen Angeschuldigten auf 28%[162]), im Jahre 1828 auf 32%[163]) und 1832/33 auf 36%[164]) gestiegen. Der Anteil der Freigesprochenen war dagegen bis 1832/33 auf 18% gefallen[164]).

Jedoch erhob sich gegen dieses Ausweichen der Rechtsprechung auf die absolutio ab instantia in der Wissenschaft alsbald Widerspruch. Dieser führte jedenfalls dazu, daß die Praxis die Freisprechung von der Instanz auf die Fälle beschränkte, in denen ein sehr schwerer Verdacht bestehen blieb. So führt das Oberappellationsgericht in Wolfenbüttel in seiner Entscheidung vom 6. Juni 1837[165]) aus: *Es beruhet sowohl in den Gesetzen als in der Natur der Sache, daß wenn keine hinreichenden Gründe vorhanden sind, einen Angeschuldigten zu verurtheilen, dann derselbe, wegen der für ihn sprechenden Präsumption der Unschuld freigesprochen werden müsse. Nach einem von den hiesigen Landesgesetzen anerkannten Gerichtsgebrauche leidet diese Regel die Ausnahme: daß wenn bedeutende Indicien gegen den Inculpaten sprechen, so dann derselbe nur von der Instanz absolviert werde; eine Entscheidung, die bei den mit solcher verknüpften großen staatsrechtlichen und bürgerlichen Nachtheilen als eine von der Rechtsphilosophie gemißbilligte poena extraordinaria nur bei äußerst dringendem Verdachte Statt zu finden vermag. Ist also dieser dringende, die absolutio ab instantia herbeiführende Verdacht nicht vorhanden, so siegt die Präsumption der Unschuld, und der Inculpat hat ein Recht, die Freisprechung zu verlangen, damit jede nachtheilige Folge der gegen ihn Statt gehabten*

---

161) Reigersberger in Gönner's Jahrbüchern Bd. III S. 74f.

162) Mittermaier in Hitzig's Annalen Bd. III S. 380. Der Anteil der Freigesprochenen betrug hier 23%.

163) Mittermaier in Hitzig's Annalen 1830 Bd. III S. 215. Der Anteil der Freigesprochenen war auf 19% gesunken. Dasselbe Verhältnis zwischen Freisprüchen und Absolutionen von der Instanz weist eine von Mittermaier (a. a. O. S. 216) zitierte Statistik aus Baden auf: Von 1564 Angeschuldigten 331, also 21%, ab instantia und nur 80, also 5%, völlig freigesprochen.

164) Mittermaier, Neues Archiv des Criminalrechts 1844 S. 275 Anm. 2. Vgl. auch die zunehmende Anzahl der veröffentlichten Freisprechungen von der Instanz in den Zeitschriften, z.B. das Urteil der Juristenfakultät Leipzig vom August 1831 in Demme's Annalen Bd. III S. 383, das Urteil der königlich-hannoverschen Justizkanzlei zu Osnabrück, mitgeteilt von v. Wedel im Neuen Archiv des Criminalrechts 1836 S. 69ff. (114), den Bericht von Tausch über die österr. Rechtsprechung in Demme's Annalen Bd. XIX S. 122 sowie das unten zitierte Urteil des Oberappellationsgerichtes Wolfenbüttel.

165) In Demme's Annalen 1838 Bd. VI S. 125ff.

Untersuchung von ihm entfernt werde[166]). Diese Entscheidung zeigt neben der Beschränkung der absolutio ab instantia zugleich, auf wie tönernen Füßen diese nur noch stand. Das Gericht betont zu Recht ausdrücklich, daß die absolutio ab instantia gegen die Unschuldvermutung verstoße und auch sonst große Rechtsnachteile für den derart Freigesprochenen mit sich bringe, damit spricht es aber praktisch aus, daß die absolutio ab instantia rechtswidrig sei. Der einzige Grund, der nach Ansicht des Gerichtes noch für sie spricht, ist die Annehmlichkeit der Strafverfolgungsbehörden, die Ermittlungen jederzeit wiederaufnehmen zu können.

8) Einstellung der Wissenschaft zur absolutio ab instantia ab 1835

Daß dieses unsichere Fundament der absolutio ab instantia nicht schon zu Beginn der 40iger Jahre zusammenbrach, dürfte im wesentlichen darauf zurückzuführen sein, daß die Wissenschaft in der absolutio ab instantia keinen Stein des Anstoßes mehr sah, um dessen Beseitigung es sich verlohnt hätte, derartige Anstrengungen zu unternehmen, wie die mit denen man seit dem Beginn dieses Jahrhunderts die Verdachtstrafe bekämpft hatte. Zwar lehnt ZACHARIÄ, neben MITTERMAIER der wohl angesehenste deutsche Strafprozeßrechtler dieser Zeit[167]), die absolutio ab instantia unter Berufung auf MATTHAEUS und MITTERMAIER ab[168]). WELCKER bezeichnet sie als *scheußlich* und *wahrhaft absurd*[169]). Dennoch kann sie HOEPFNER genausowenig *verwerflich* finden[170]) wie MÜLLER[171]) und PUCHTA[172]).

Diese Indifferenz der Wissenschaft[173]) führte dazu, daß es der um die Mitte der 40iger Jahre in ganz Deutschland wieder zum Leben erwachten Gesetzgebung überlassen blieb, die absolutio ab instantia endgültig aus dem deutschen Strafprozeßrecht zu verbannen.

Es waren dieselben Gesetzgeber, die auch der Verdachtstrafe den Todesstoß versetzten und unserem Grundsatz zum Siege, d.h. zur allgemeinen Anerkennung und Anwendung auch durch die Rechtsprechung verhalfen.

---

[166]) a.a.O. S. 126

[167]) 1806 bis 1875, vgl. EB. SCHMIDT Einführung S. 280ff.

[168]) Grundlinien S. 257ff.; vgl. auch SCHOLZ im Neuen Archiv des Criminalrechts 1834 S. 403, der sich *getraut, ihr den Stab zu brechen*, weil sie gegen *das heilige Kleinod* der Unschuldvermutung verstoße; schließlich SIEGEN S. 116 ff.

[169]) S. 76

[170]) S. 61

[171]) z.B. § 144 Anm. 23, § 163 Anm. 16, § 183 Anm. 2

[172]) § 28. Immerhin hält PUCHTA die absolutio ab instantia für optisch unschön. Sie sei *kein günstiges Zeichen einer zweckmäßig geführten Inquisition.*

[173]) Nur BAUER trat 1842 in einer sehr scharfsinnigen Abhandlung nochmals für die absolutio ab instantia ein, vgl. Abhandlungen Bd. II S. 297ff.

9) Die deutschen Strafprozeßgesetze von 1843 bis 1850

In dem ersten dieser Gesetze, der am 22. Juni 1843 erlassenen Strafprozeßordnung des Königreiches Württemberg heißt es in Artikel 284: *Verurtheilungen zur Strafe finden nur Statt, wenn durch ... Beweismittel die Gewißheit hergestellt ist, daß das in Frage stehende Verbrechen geschehen sei, und daß der Angeschuldigte sich desselben als Urheber oder Theilnehmer schuldig gemacht habe*[174]). Damit war die Verdachtstrafe ausdrücklich ausgeschlossen.

Dieses erste Gesetz aus der Reihe der folgenden war allerdings auch das einzige, das unserem Grundsatz Ausdruck verlieh: *Bei der Entscheidung darüber, ob eine Thatsache für gewiß zu achten sei, kommt die übrig bleibende bloße Möglichkeit des Gegentheils nicht in Betracht*[175]). Sollte die bloße mathematische Möglichkeit des Gegenteils auch nicht in der Lage sein, den strafrechtlichen Beweis zu erschüttern, so sollte doch offensichtlich jede reale Möglichkeit des Gegenteils, d.h. jeder vernünftige Zweifel, den strafprozessualen Beweis, die richterliche Gewißheit, zerstören können. Diese Folgerung allerdings scheint dem württembergischen Gesetzgeber so selbstverständlich gewesen zu sein, daß er es nicht für der Mühe wert hielt, sie zu formulieren. Das aber heißt, daß er das i.d.p.r. schon für einen unbezweifelbaren Grundsatz des Strafprozeßrechtes gehalten haben muß.

Demgemäß hat er es auch unterlassen, in dem am 14. August 1849 erlassenen Gesetz, das das Verfahren vor den Schwurgerichten regelte, dem i.d.p.r. überhaupt noch Ausdruck zu verleihen. Hier werden die Geschworenen nur angewiesen, nach *innigster Überzeugung* zu richten[176]) und ihnen selbst wird der Schluß überlassen, daß jeder Zweifel ihr *Nicht schuldig* fordere. In der gleichen Art verfährt das Gesetz vom 28. Oktober 1848 über die Einführung des mündlichen und öffentlichen Strafverfahrens mit Schwurgericht in Hessen-Nassau, das Gesetz vom 31. Oktober 1848, betreffend die Umbildung des Strafverfahrens in Kurhessen, das bayrische Gesetz vom 10. November 1848, die Änderung des zweiten Theils des Strafgesetzbuches von 1813 betreffend, die preussische Verordnung vom 3. Januar 1849, betreffend die Einführung des öffentlichen und mündlichen Verfahrens, die sächsische Strafprozessordnung vom 20. 3. 1850 sowie schließlich das badische Gesetz vom 5. Februar 1851 betreffend das neue Strafverfahren und die Schwurgerichte. In allen diesen Gesetzen wird den Richtern bzw. Geschworenen auferlegt, ihre Stimme nur dann zur Verurteilung abzugeben, wenn sie von der Schuld des Angeklagten *innerlich, innigst* oder *fest überzeugt* seien[176]). In

---

[174]) Vgl. HAEBERLIN S. 571. In Art. 356 dieser Strafprozeßordnung war allerdings noch die Entbindung von der Instanz vorgesehen, vgl. HAEBERLIN S. 582. Durch Art. 46 des Gesetzes vom 13. August 1849 wurde die absolutio ab instantia dann jedoch auch in Würtemberg abgeschafft, vgl. HAEBERLIN a.a.O.

[175]) Vgl. Art. 285 a.a.O.

[176]) a.a.O. S. 621

[176]) §§ 120 und 320 des kurhessischen Gesetzes (a. a. O. S. 474 bzw. 495); Art 174 des Gesetzes von Hessen-Nassau (a.a.O. S. 681), Art. 171 des bayrischen Gesetzes (a.a.O.

allen anderen, d.h. zweifelhaften Fällen, so mußten die Richter aus solchem Wortlaut schließen, war freizusprechen.

Die preußische Verordnung vom 3. Januar 1849 und die Strafprozeßordnung für das Königreich Hannover vom 8. November 1850 enthielten noch eine ausdrückliche Bestimmung, mit der die Freisprechung von der Instanz verboten wurde[177]); die Strafprozeßordnung von Baden vom 6. März 1845 erklärte lediglich, der Angeklagte müsse freigesprochen werden, sofern er nicht überwiesen werden könne[178]).

S. 259); § 22 der preußischen Verordnung (a.a.O. S. 200), Art. 252 und Art. 289 der sächsischen Strafprozeßordnung (a.a.O. S. 801, 809) sowie Art. 104 des badischen Gesetzes (a.a.O. S. 439).

177) § 22 der PrVO (a.a.O. S. 200) und § 149 des hannoverschen Gesetzes (a.a.O. S. 321).

178) § 244 (a.a.O. S. 401). Art. 356 der würtembergischen Strafprozeßordnung von 1843 sah die Entbindung von der Instanz noch vor, doch wurde diese Vorschrift durch Gesetz vom 13. August 1849 dahingehend abgeändert, daß auf Freisprechung von der Instanz im Königreich Würtemberg nicht mehr entschieden werden konnte (a.a.O. S. 582). Schließlich findet sich auch in dem Gesetz vom 12. 1. 1841, den Beweis im Criminalprozesse betreffend (Mecklenburg-Schwerin), noch die Entbindung von der Instanz (Demme's Annalen 1884 Bd. I S. 486).

VIII Ergebnis

Wenngleich keine der in den 40iger Jahren des letzten Jahrhunderts erlassenen Strafprozeßordnungen – und bis heute noch keine deutsche Strafprozeßordnung – das *in dubio pro reo* ausgesprochen hat, so kann es doch keinem Zweifel unterliegen, daß unser Grundsatz seit dem Erlaß dieser Gesetze auch von der Rechtsprechung anerkannt und verwendet worden ist. Das ergibt sich schon aus der Tatsache, daß sowohl die Wissenschaft[1]) als auch Praktiker in wissenschaftlichen Erörterungen[2]) die Geltung des Grundsatzes i.d.p.r. hinfort als selbstverständlich unterstellten. Zwar findet das i.d.p.r. in den seit dem Erlaß dieser Gesetze veröffentlichten Entscheidungen kaum Erwähnung[3]). Diese Tatsache ist jedoch darauf zurückzuführen, daß fast ausschließlich Entscheidungen von Revisionsgerichten veröffentlicht wurden, und daß diese das i.d.p.r. zwar als Grundsatz des Strafprozeßrechtes, jedoch nicht als Rechtsnorm anerkannten, deren Verletzung in der Revision hätte gerügt werden können[4]). Bei der Durchsicht dieser höchstrichterlichen Rechtsprechung, insbesondere der des Reichsgerichts, finden sich jedoch zahlreiche Entscheidungen, aus denen hervorgeht, daß die unteren Tatsacheninstanzen ganz selbstverständlich in Anwendung des i.d.p.r. entschieden hatten[5]).

Als Ergebnis dieser Arbeit ist daher folgendes festzustellen: Daß der Grundsatz i.d.p.r. im klassischen und nachklassischen römischen Recht gegolten habe, ist nicht nachweisbar. Aus den *favores testamenti* und *libertatis* des klassischen römischen Rechtes und aus dem TRAJANrescript (D. 48, 19, 5) entwickelte die mittelalterlich-italienische Wissenschaft den Grundsatz i.d.p.r. Er fand grundsätzliche Anwendung im mittelalterlich-italienischen Strafprozeß, jedoch nur bei Prüfung der Frage, ob ein *indicium indubitatum* vorläge. Im kanonischen, germanischen und frühmittelalterlich deutschen Strafprozeßrecht war für den Grundsatz i.d.p.r. kein Raum. Die deutschen Rezeptoren des mittelalterlich-italienischen Strafprozeßrechtes transponierten das in diesem enthaltene i.d.p.r. nicht in das deutsche Recht. Zwar waren Wissenschaft und Praxis bis zur Mitte des 17. Jahrhunderts durchaus geneigt, das i.d.p.r. aufzunehmen und anzuwenden, jedoch wurden diese

---

[1]) Vgl. nur GLASER S. 88 und PLANCK, Systematische Darstellung, S. 195

[2]) Vgl. z.B. KÜSSNER in Goltdammers Archiv Bd. 3 S. 32 und v. TIPPELSKIRCH a.a.O. Bd. 5 S. 315

[3]) Das Reichsgericht erwähnt ihn z.B. zum ersten Mal im Jahre 1918, vgl. RGSt 52, 319

[4]) Vgl. das RG a.a.O.

[5]) Vgl. nur aus dem 1. Bd. der veröffentlichten RG-Entscheidungen S. 23ff. (23), S. 40ff. (40).

Ansätze durch die allgemeine Verschärfung der Strafverfolgung zu Beginn des 17. Jahrhunderts wieder zunichte gemacht. CARPZOV führte die Verdachtstrafe in das deutsche Strafprozeßrecht ein. Im Jahre 1648 folgte ihr die absolutio ab instantia. Der Gedanke des i.d.p.r. fand erneuten Eingang in das deutsche Strafprozeßrecht durch MATTHAEUS, der ihn aus dem TRAJANrescript entwickelte, und durch die beiden MEISTER, die ihn sowohl mit der Unschuldvermutung als auch mit dem TRAJANrescript begründeten.

Das i.d.p.r. setzte sich dann in der Wissenschaft durch. Im Jahre 1805 war es von ihr als Grundsatz des Strafprozeßrechtes allgemein anerkannt. STÜBEL prägte 1811 den Wortlaut *in dubio pro reo*. Seit diesem Zeitpunkt kämpfte die Wissenschaft um die Anwendung des Grundsatzes auch durch die Praxis. 1840 war die Verdachtstrafe beseitigt. Ihr folgte bis 1850 die absolutio ab instantia.

Seit 1850 ist das i.d.p.r. »einer der wichtigsten Grundsätze des deutschen Strafrechtes«[6]), ist eines von dessen »gesicherten und unanfechtbaren Prinzipien«[7]).

---

[6]) Vgl. HENKEL S. 406

[7]) Vgl. STREE S. 5

Literaturverzeichnis

ABEGG, Lehrbuch des gemeinen Criminal-Prozesses mit besonderer Berücksichtigung des Preußischen Rechts, Königsberg 1833

ACCURSIUS, Glossa ordinaria, 1625

Allgemeines Criminalrecht für die preußischen Staaten, 5. Aufl., Berlin 1828

Allgemeines Landrecht der preußischen Staaten, Berlin 1804

ALLMANN, Außerordentliche Strafe und Instanzentbindung im Inquisitionsprozesse nach den wichtigsten Quellen bearbeitet, München 1903

ARETINUS, Angelus, Super Maleficiis, 1535

ARISTOTELES, Werke in deutscher Übersetzung, Darmstadt 1962

Bambergische Halsgerichtsordnung, in: Die Carolina und ihre Vorgängerinnen, Bd. II, Halle a.d.S. 1915

BAR, v., Geschichte des deutschen Strafrechts und der Strafrechtstheorien, Berlin 1882

BAUER, Lehrbuch des Strafprocesses, Göttingen 1835

BAUER, Abhandlungen aus dem Strafrechte und dem Strafprozesse, Göttingen 1843

BECCARIA, Cesare, Dei delitti e delle pene, in das Deutsche übertragen von Hommel, Breslau 1778

BECCARIA, Cesare, Dei delitti e delle pene, von neuem aus dem Italienischen übersetzt von J.A. Bergk, Leipzig 1798

BERGER, In dubiis benigniora (D. 50, 17, 56), in: Att. del Congr. intern. di dir. rom., Bd. II S. 187ff.

BERGK, Über Strafen, als bloße Sicherheitsmittel des Staates, in: Archiv des Criminalrechts Bd. II, 3. Stück, S. 144ff.

BERGK, Preisschrift, in: Archiv des Criminalrechts Bd. III, 3. Stück, S. 76ff.

BERLICH, Conclusiones practicabiles, Leipzig 1652

BEYERLE, Das Entwicklungsproblem im germanischen Rechtsgang, Heidelberg 1915

BIONDI, Il diritto romano cristiano, Mailand 1952

BLUMBLACHER, Commentarius in Kaiser Karl des Fünfften und des Heil. Röm. Reiches Halsgerichts-Ordnung, Salzburg 1678

BOEHMER, J.S.F., Elementa Iurisprudentiae Criminalis, 4. Aufl., Halle 1749

BOEHMER, J.S.F., Observationes selectae ad Bened. Carpzovii Practicam novam Rerum Criminalium, Frankfurt/M. 1759

BOEHMER, J.S.F., Meditationes in Constitutionem Criminalem Carolinam, Magdeburg 1770

BOLDT, Johann Samuel Friedrich von Böhmer und die gemeinrechtliche Strafrechtswissenschaft, Berlin 1936

BRUNNEMANN, Tractatus Iuridicus de Inquisitionis Processu, Wittenberg 1672

BRUNNEMANN, Commentarius in quinquaginta libros Pandectarum, hrsg. von Samuel Stryk, 2. Aufl., Frankfurt 1674

BRUNNENMEISTER, Die Quellen der Bambergensis, Leipzig 1879

BRUNNER, Deutsche Rechtsgeschichte, 1. Bd., 2. Aufl., Leipzig 1906

BRUNNER – v. SCHWERIN, Deutsche Rechtsgeschichte, 2. Bd., 2. Aufl., Leipzig 1929

CARERIUS, Practica Causarum Criminalium, 1589

CARPZOV, Practica nova imperialis Saxonica rerum Criminalium, Wittenberg 1652
Der richterlich Clagspiegel, Durch doctorem Sebastianum Brandt wider durchsichtiget unnd zum teyl gebessert, 1516
Code des délits et des peines vom 25. September 1791, Paris 1798
Codex Iuris Bavarici Criminalis de anno MDCCLI, 2. Aufl., München 1771
Codex Iuris Canonici, Einleitung und Anmerkungen von Kardinal Gasparri, Rom 1918
Constitutio Criminalis Theresiana, Wien 1769
Corpus Iuris Canonici, Basel 1665
Corpus Iuris Civilis, I. Bd. – Institutionen und Digesten, Hrsg. Krüger, Mommsen, Kunkel, Berlin 1954
Corpus Iuris Civilis, II. Bd. – Codices, Hrsg. Gebrüder Kriegeler und Hermann, Leipzig 1848
DAMHOUDER, Praxis rerum criminalium, Antwerpen 1616
EISENHART, Gekrönte Preisschrift, in: Archiv des Criminalrechts, Bd. III, 1. Stück, S. 65ff., 2. Stück, S. 1ff.
EISENHART-WALDMANN, Deutsches Recht in Sprichwörtern, Berlin 1935
ERLER, Friedlosigkeit und Werwolfglaube, in: Paideuma, Bd. I, Heft 7, S. 303ff.
FARINACIUS, Praxis et Theoricae Criminalis Libri duo, Frankfurt 1606
FEUERBACH, v., Lehrbuch des gemeinen in Deutschland gültigen peinlichen Rechts, 5. Aufl., Giessen 1812
FICHARD, Consilia, Frankfurt/M. 1590
Freiberger Stadtrecht, Hrsg. Ermisch, Leipzig 1889
FREYSING, Ruprecht v., Freisinger Rechtsbuch, hrsg. von Claußen, Weimar 1941
FRÖLICH VON FRÖLICHSBURG, Commentarius in Kayser Karl des Fünfften und des Heil. Röm. Reiches Peinliche Halsgerichtsordnung, Leipzig 1741
GAILL, MYNSINGER, Observationum Practicarum Imperialis Cammerae libri duo, 1613
GANDINUS, vgl. Kantorowicz Bd. II
GEFFKEN, Lex Salica, Leipzig 1898
GERNHUBER, Die Landfriedensbewegung in Deutschland bis zum Mainzer Reichslandfrieden von 1235, Bonn 1952
GLASER, Beiträge zur Lehre vom Beweise, Leipzig 1883
GLOBIG, v., Versuch einer Theorie der Wahrscheinlichkeit zur Gründung des historischen und gerichtlichen Beweises, Regensburg 1806
GMELIN, Grundsätze der Gesetzgebung über Verbrechen und Strafen, Tübingen 1785
GOBLER, Gerichtliche Prozeß auß geschribenen Rechten und nach gemeinem im Heyligen Reich Teutscher Nation gebrauch und übung, 1567
GRAF-DIETHERR, Deutsche Rechtssprichwörter, Nördlingen 1864
GREGOR v. TOURS, Historiarum Libri Decem, hrsg. von Buchner, Darmstadt 1956
GROLMANN, Grundsätze der Criminalrechtswissenschaft, 4. Aufl., Gießen 1825
HAEBERLIN, Sammlung der neuen deutschen Strafproceßordnungen, Greifswald 1852
HAFEMANN, Handbuch des Preuß. Criminal-Processes, Berlin 1832
HEFFTER, Lehrbuch des gemeinen deutschen Strafprozeßrechts, 4. Aufl., Braunschweig 1848
HENKE, Grundriss einer Geschichte des deutschen peinlichen Rechts, Sulzbach 1809
HENKEL, Strafverfahrensrecht, Ein Lehrbuch, Stuttgart 1953
HERTEL, In wie fern kann zuweilen in peinlichen Sachen bei unvollständigem Beweise auf eine sog. außerordentliche Strafe erkannt werden? in: Neues Archiv des Criminalrechts Bd. IX, S. 297ff.
HERTZ, Voltaire und die französische Strafrechtspflege im 18. Jahrhundert, Stuttgart 1887
HIPPEL, v., Deutsches Strafrecht, Bd. I – Allgemeine Grundlagen –, Berlin 1925
HIS, Geschichte des deutschen Strafrechts bis zur Carolina, München 1928

HITZIG, Ist eine außerordentliche Strafe durch späterhin ermittelte Indicien einer Erhöhung per sententiam fähig? in: Hitzig's Zeitschrift Bd. XVI, S. 399ff.

HOEPFNER, Über den Anklageproceß und das Geschworenengericht, Hamburg 1844

JARKE, Bemerkungen über die Lehre vom unvollständigen Beweise, vornehmlich in Bezug auf die außerordentlichen Strafen, in: Neues Archiv des Criminalrechts Bd. VIII, 1. Stück, S. 97ff.

JARKE, Über den unvollständigen Beweis und die außerordentliche Strafe in besonderer Beziehung auf die preußische Criminalordnung in: Hitzig's Zeitschrift Bd. X, S. 129ff.

IHERING, Geist des römischen Rechts auf den verschiedenen Stufen seiner Entwicklung, I. Teil, 5. Aufl., Leipzig 1891; II. Teil, 4. Aufl., Leipzig 1880; III. Teil, 4. Aufl., Leipzig 1888

JOLLY, Über das Beweisverfahren nach dem Rechte des Sachsenspiegels, Mannheim 1846

KANTOROWICZ, Albertus Gandinus und das Strafrecht der Scholastik, I. Bd., Berlin 1907, II. Bd., Berlin 1926 (zit.: Gandinus)

KASER, Das römische Privatrecht, 2 Bde., München 1955 (zit.: Kaser, Römisches Privatrecht)

KASER, Römische Rechtsgeschichte, Göttingen 1950 (zit.: Kaser, RG)

KAUFMANN, Die Erfolgshaftung, Frankfurt/M. 1958

KERN, Strafverfahrensrecht, 6. Aufl. Berlin 1960

KLEIN, Grundsätze des Gemeinen deutschen und preußischen Peinlichen Rechts, Halle 1796

KLEIN, Merkwürdige Rechtssprüche der Hallischen Juristenfakultät, 4 Bde., Berlin 1796

KLEIN, Überschreitet der Richter die Gränzen seiner Gewalt, wenn er gegen den, welchen er einstweilen freyspricht, oder auch mit einer Strafe belegt, auf Sicherheitsmaaßregeln erkennt? in: Archiv des Criminalrechts Bd. I, 2. Stück, S. 34ff.

KLEIN, Verträgt sich der Unterschied zwischen Freyheitsverlust zur Strafe und zukünftigen Sicherheit des Staates mit der Meynung, daß der Zweck der Strafe die Verhütung künftiger Verbrechen sey? in: Archiv des Criminalrechts Bd. I, 2. Stück, S. 41ff.

KLEIN, Von dem wesentlichen Unterschied zwischen der Einsperrung zur Sicherheit und der eigentlichen Gefängnißstrafe, in: Archiv des Criminalrechts Bd. II, 2. Stück, S. 85ff.

KLEIN, Kurze Übersicht meiner Theorie über die sogenannten außerordentlichen Strafen in: Klein's Annalen Bd. XXI, S. 291ff.

KLEIN, Über außerordentliche Strafen wegen unvollständigen Beweises und über Sicherheitsanstalten, in: Klein's Annalen Bd. XXIII, S. 144ff.

KLEINSCHROD, Über die Wirkungen eines unvollkommenen Beweises in peinlichen Sachen, in: Plitt's Repertorium Bd. I, S. 421ff.

KLEINSCHROD, Abhandlungen aus dem peinlichen Rechte und peinlichen Processe in vier Theilen, Erlangen 1797

KLEINSCHROD, Systematische Entwicklung der Grundbegriffe und Grundwahrheiten des peinlichen Rechts nach der Natur der Sache und der positiven Gesetzgebung in drei Theylen, 2. Aufl. 1799

KLEINSCHROD, Grundzüge der Theorie von Beweisen in peinlichen Sachen, in: Archiv des Criminalrechts Bd. IV, 3. Stück, S. 44ff.

KLENZE, Lehrbuch des gemeinen Strafrechts, Berlin 1833

KOCH, Institutiones Iuris Criminalis, 9. Aufl., Jena 1791

KONOPACK, Beytrag zur Lehre vom künstlichen Beweise in einem Rechtsfalle, in: Archiv des Criminalrechts Bd. VII, 1. Stück, S. 9, 83ff.

KRESS, Commentatio succincta in Constitutionem Criminalem Caroli V. Imperatoris, Hannover 1721

KRIES, Der Beweis im Strafproceß des Mittelalters, Weimar 1878

KÜSSNER, Über Beweislast und Präsumtionen im Preußischen Strafverfahren, in: Goltdammers Archiv Bd. III, S. 32ff.
KUNKEL, Römische Rechtsgeschichte, 3. Aufl., Köln 1960 (zit.: Kunkel, RG)
KUNKEL, Untersuchungen zur Entwicklung des römischen Kriminalverfahrens in vorsullanischer Zeit, München 1962
KUNKEL, Einleitung zur Wormser Reformation, in: Quellen zur Neueren Privatrechtsgeschichte Deutschlands Bd. I, Weimar 1936
KUSCH, Der Indizienbeweis des Vorsatzes im gemeinen deutschen Strafverfahrensrecht, Diss. Iur., Hamburg 1963
LANDSBERG, Geschichte der deutschen Rechtswissenschaft, 2 Bde., Bd. I, München 1898, Bd. II, München 1910
LANDSBERG, Die Gutachten der Rheinischen Immediat-Justiz-Kommission und der Kampf um die Rheinische Rechts- und Gerichtsverfassung 1814–1819, Bonn 1914
LAYENSPIEGEL, Speculum Laicorum Uldarici Tengler, Straßburg 1544
LENEL, Palingenesia Iuris Civilis, 2 Bde., Leipzig 1889
LENEL, Das Edictum Perpetuum, Ein Versuch zu seiner Wiederherstellung, 2. Aufl., Leipzig 1907
LOENING, Der Reinigungseid im Deutschen Mittelalter, Heidelberg 1880
LOMBARD, Kurze Uebersicht der Verschiedenheiten zwischen dem in der Criminalordnung vorgeschriebenen und dem in den Preußischen Rheinprovinzen stattfindenden Criminal-Verfahren, in: Hitzig's Zeitschrift Bd. VI, S. 391ff.
LUDOVICI, Peinliche Halsgerichtsordnung cum notis practicis, Magdeburg 1707
LUFFT, Bericht über die Criminalgesetzgebung der Schweiz, in: Demme's Annalen Bd. I, S. 193ff.
de LYNCKER, Consilia seu Responsa, Jena 1704
MALBLANC, Geschichte der peinlichen Gerichtsordnung Kaiser Karls V., Nürnberg 1783
MARAT, Plan einer Criminalgesetzgebung, Berlin 1955
de MARSILIIS, Lectura seu commentaria ad Tit. C. etc., Frankfurt 1544
MATTHAEUS, De criminibus, 1672
Die Maximilianischen Halsgerichtsordnungen, Eingeleitet und erläutert von Eb. Schmidt, Schloß Bleckede 1949 (zit.: Eb. Schmidt H. G. O.)
MAYER-HOMBERG, Beweis und Wahrscheinlichkeit nach älterem deutschen Recht Marburg 1921
MEISTER, Christian, Friedrich, Georg, Rechtliche Erkenntniße und Gutachten in peinlichen Fällen größtentheils im Namen der Göttingischen Juristen-Fakultät ausgearbeitet, Göttingen 1771
MEISTER, Georg, Jacob, Friedrich, Principia Iuris Criminalis Germaniae Communis, 6. Aufl., Göttingen 1819
MEISTER, Georg, Jacob, Friedrich, Practische Bemerkungen aus dem Criminal- und Civilrechte, Göttingen 1791
MITTERMAIER, Anleitung zur Vertheidigungskunst im deutschen Criminalprozesse etc., 2. Aufl., Landshut 1820
MITTERMAIER, Theorie des Beweises im Peinlichen Prozesse, Mannheim 1809, Darmstadt 1821
MITTERMAIER, Das deutsche Strafverfahren in der Fortbildung durch Gerichtsgebrauch und Partikulargesetzbücher, Heidelberg 1827
MITTERMAIER, Die Lehre vom Beweise im deutschen Strafprozesse nach der Fortbildung durch Gerichtsgebrauch und deutsche Gesetzbücher, Darmstadt 1834
MITTERMAIER, Der Strafprozeß nach den neuesten legislativen Erscheinungen etc., in: Neues Archiv des Criminalrechts Bd. XI, S. 152ff., 328ff., 436ff., 551ff.
MITTERMAIER, Die Strafgesetzgebung in ihrer Fortbildung etc., Heidelberg 1841

MITTERMAIER, Über den Indicienbeweis, in: Neues Archiv des Criminalrechts 1844, S. 274ff.
MOMMSEN, Römisches Strafrecht, Darmstadt 1955
MONTESQUIEU, Vom Geist der Gesetze, Tübingen 1951
Monumenta Germaniae Historica Legum Sectio I
Bd. I hrsg. von Zeumer Hannover 1902
Bd. II/1 hrsg. von de Salis 1888
Bd. III/2 hrsg. von Beyerle u. Buchner 1954
Bd. V/1 hrsg. von Lehmann 1888
Bd. V/2 hrsg. von Heymann 1926
Monumenta Germaniae Historica Legum Sectio II, Capitularia regum Francorum
Bd. I/1 hrsg. von Boretius Hannover 1888
Bd. I/2 hrsg. von Boretius 1888
Bd. II/1 hrsg. von Boretius-Krause 1890
Bd. II/2 hrsg. von Boretius-Krause 1893
Bd. II/3 hrsg. von Boretius-Krause 1897
MOSER, In Dubio Pro Reo, Diss. iur., München 1933
MÜLLER, Lehrbuch des teutschen gemeinen Criminalprocesses etc., Braunschweig 1837
NOTTARP, Gottesurteile, eine Phase im Rechtsleben der Völker, Bamberg 1949

Oberrheinische Stadtrechte, hrsg. von der Badischen historischen Kommission, Heidelberg 1895
OEHLER, Wurzel, Wandel und Wert der strafrechtlichen Legalordnung, Münster 1950
PERNEDER, Von Straff und Peen aller unnd jeder Malifitzhandlungen ayn kurtzer bericht etc., hrsg. von Hunger, Ingolstadt 1544
PETERS, Strafprozess, Ein Lehrbuch, Karlsruhe 1952
PLANCK, Systematische Darstellung des deutschen Strafverfahrens auf Grundlage der neueren Strafprozeßordnungen seit 1848, Göttingen 1857
PLANCK, Das deutsche Gerichtsverfahren im Mittelalter, 2 Bde., Braunschweig 1878
PLÖCHL, Geschichte des Kirchenrechtes, Wien 1955
PUCHTA, Der Inquisitions-Prozeß etc., Erlangen 1844

QUISTORP, Grundsätze des deutschen Peinlichen Rechts, 2 Bde., 5. Aufl., Rostock 1794
QUISTORP, Wie in Ermangelung eines vollständigen Beweises wider einen Angeschuldigten bey vorhandenem genugsamen Verdacht zu verfahren sey besonders an Orten, wo die Tortur abgeschafft ist, Rostock 1774
RADBRUCH-GWINNER, Geschichte des Verbrechens, Stuttgart 1951
RANFFT, Über den Beweis in peinlichen Sachen nach positiven Gesetzen und philosophischen Grundsätzen, Freiberg 1801
ROGGE, Über das Gerichtswesen der Germanen, Halle 1820
ROSSHIRT, Entwicklung der Grundsätze des Strafrechts nach den Quellen des gemeinen deutschen Rechts, Heidelberg 1828
Der Sachsenspiegel, hrsg. von Weiske und Hildebrand, 11. Aufl. Leipzig 1929

SALCHOW, Lehrbuch des gemeinen in Deutschland gültigen peinlichen Rechts, 2. Aufl., Halle 1817
SAVIGNY v., Geschichte des römischen Rechtes im Mittelalter, 6 Bde., 2. Aufl., Heidelberg 1834–1850
SCHAFFSTEIN, Die Allgemeinen Lehren vom Verbrechen in ihrer Entwicklung durch die Wissenschaft des Gemeinen Strafrechts, Berlin 1930
SCHEDE, Versuch einer Rechtfertigung der außerordentlichen Strafe, in: Hitzig's Zeitschrift Bd. VIII, S. 312ff.
SCHIRACH v., Kurze Übersicht der Schleswig-Holsteinischen Rechtsquellen zur Erläuterung mitzutheilender Criminalfälle, in: Hitzig's Annalen Bd. II, S. 205ff.

SCHLÜTER, Antonius Matthaeus II aus Herborn, der Kriminalist des 17. Jahrhunderts, der Rechtslehrer Utrechts, in: Strafrechtliche Abhandlungen Nr. 252
SCHMIDT, Eb, Einführung in die Geschichte der deutschen Strafrechtspflege, 2. Aufl., Göttingen 1951 (zit.: Eb. Schmidt Einführung)
SCHMIDT, Eb., Inquisitionsprozeß und Rezeption, Studien zur Geschichte des Strafverfahrens in Deutschland vom 13. bis zum 16. Jahrhundert, Leipzig 1940
SCHMIDT, Eb., Strafrechtspflege und Rezeption, in: ZStW 62, S. 232ff.
SCHOETENSACK, Der Strafprozeß der Carolina, Leipzig 1904
SCHOLZ, Über die Entbindung von der Instanz bei Untersuchungssachen, in: Neues Archiv des Criminalrechts 1832, S. 396ff.
SCHULZ, Prinzipien des römischen Rechts, Berlin 1954
Des Schwabenspiegels Landrechtsbuch, hrsg. von Gengler, Erlangen 1853
SCHWINGE, Der Kampf um die Schwurgerichte bis zur Frankfurter Nationalversammlung, in: Strafrechtliche Abhandlungen Nr. 213
SIEGEN, Juristische Abhandlungen vorzüglich den Zustand Deutscher Gesetzgebung und Rechtspflege betreffend, Göttingen 1834
SODEN, Graf v., Geist der peinlichen Gesetzgebung Teutschlands, 2 Bde., 2. Aufl., Frankfurt 1792
SPEE, v., Cautio Criminalis, oder Rechtliches Bedenken wegen der Hexenprozesse, Frankfurt 1632
STINTZING, Geschichte der deutschen Rechtswissenschaft, Bd. I, Leipzig 1880, Bd. II, Leipzig 1884
STÖLZL, Brandenburg-Preußens Rechtsverwaltung und Rechtsverfassung Bd. II, Berlin 1888
Strafgesetzbuch für das Königreich Bayern, München 1838
STREE, In dubio pro reo, Tübingen 1962
STROMBECK, Einige Worte über den Beweis in Criminalsachen, in: Hitzig's Annalen 1831, Bd. II, S. 49ff.
STÜBEL, Über den Tatbestand der Verbrechen, die Urheber derselben und die zu einem verdammenden Endurtheile erforderliche Gewißheit des ersteren besonders in Rücksicht der Tödtung nach gemeinen in Deutschland geltenden und Chursächsichen Rechten, Wittenberg 1805
STÜBEL, Das Criminalverfahren in den deutschen Gerichten etc., 5 Bde., Leipzig 1811
TACITUS, Germania, hrsg. von Halm und Andresen, Leipzig 1930
TAUSCH, Florilegium practicum, in: Demme's Annalen Bd. XIX, S. 114ff.
THOMASIUS, De tortura ex foris Christianorum proscribenda, Halle 1705
TIPPELSKIRCH, v., Von der Beweistheorie in Strafsachen, in: Goltdammers Archiv Bd. V, S. 303ff.
TITTMANN, Handbuch des gemeinen deutschen Peinlichen Rechts in drei Theilen, Halle 1806
VEZIN, Versuch einer Beantwortung der im Archive des Criminalrechts stehenden Preisaufgabe, in: Archiv des Criminalrechts Bd. III, 3. Stück, S. 50ff.
Vocabularium iurisprudentiae Romanae, hrsg. von der Preußischen Akademie der Wissenschaften, Berlin 1933
VOLKMANN, Zur Rechtsprechung im Prinzipat des Augustus, München 1935
VOLTAIRE, Werke, Paris 1785
WÄCHTER, v., Lehrbuch des Römisch-Teutschen Strafrechts, Stuttgart 1825
WÄCHTER, v., Gemeines Recht Deutschlands insbesondere Gemeines Deutsches Strafrecht, Leipzig 1844
WELCKER, Jury, Schwur- oder Geschworenengericht als Rechtsanstalt und als politisches Institut, 2. Aufl., Altona 1848
WENG, In dubio pro reo, ungedr. Diss. iur., Tübingen 1947

WENGER, Institutionen des römischen Zivilprozessrechts, München 1925
WESENBEC, Paratitla, hrsg. von Brunnemann, 3. Aufl., Frankfurt/Oder 1681
WESENBEC, Commentarius in Institutionum Iuris libros IV, Basel 1576
WILDA, Das Strafrecht der Germanen, Halle 1842
WOLF, Große Rechtsdenker der deutschen Geistesgeschichte, 3. Aufl., Tübingen 1951
Der Statt Wormbs Reformation, Ausgabe von 1542 mit einigen Änderungen des Textes von 1498, Worms 1542
ZACHARIÄ, Beantwortung der Preißfrage, in: Archiv des Criminalrechts, Bd. III, 4. Stück, S. 1 ff.
ZACHARIÄ, Grundlinien des gemeinen deutschen Criminal-Processes, Göttingen 1837
ZEUMER, Quellensammlung der Geschichte des Deutschen Reiches in Mittelalter und Neuzeit, 1. Teil, 2. Aufl., Tübingen 1913
ZOEPFL, Synoptische Ausgabe der Peinlichen Gerichtsordnung Kaiser Karls V. nebst den Bamberger und Brandenburger Halsgerichtsordnungen, 3. Aufl., Leipzig 1883
ZOEPFL, Das alte Bamberger Recht als Quelle der Carolina, Heidelberg 1839

Zeitschriftenverzeichnis

Annalen der deutschen und ausländischen Criminal-Rechts-Pflege, hrsg. von Hitzig, Berlin ab 1828 (zit.: Hitzig's Annalen)
Annalen der deutschen und ausländischen Criminalrechtspflege, begründet von Hitzig, fortgesetzt von Demme und Kluge, Altenburg ab 1837 (zit.: Demme's Annalen)
Annalen der Gesetzgebung und Rechtsgelehrsamkeit in den Preussischen Staaten, hrsg. von Klein, Berlin ab 1788 (zit.: Klein's Annalen)
Archiv des Criminalrechts, hrsg. von Klein und Kleinschrod, Halle ab 1799
Archiv für Preussisches Strafrecht, hrsg. von Goltdammer, Berlin ab 1853
Atti del congresso internazionale di diritto romano e historia del diritto Verona 1948, Hrsg. Moschetti, Mailand
IURA, Revista internazionale di diritto romano e antico, Neapel
Jahrbücher der Gesetzgebung und Rechtspflege im Königreiche Baiern, hrsg. von Gönner und Schmidtlein, Erlangen ab 1818 (zit.: Gönner's Jahrbücher)
Neues Archiv des Criminalrechts, hrsg. von Kleinschrod, Konopack und Mittermaier, Halle ab 1816
Paideuma Mitteilungen zur Kulturkunde, hrsg. vom Forschungsinstitut für Kulturmorphologie an der Johann-Wolfgang Goethe Universität, Frankfurt
Zeitschrift für die Criminalrechtspflege in den preussischen Staaten, hrsg. von Hitzig, Berlin ab 1825 (zit.: Hitzig's Zeitschrift)
Zeitschrift für die gesamte Strafrechtswissenschaft (zit.: ZStW)

Paulys Realenzyklopädie der classischen Altertumswissenschaften, Hrsg. Ziegler, Stuttgart (zit.: R. E.)
Repertorium für das peinliche Recht, Angelegt von Friedrich Plitt, Frankfurt/Main ab 1786 (zit.: Plitts Repertorium)
Entscheidungen des Reichsgerichts in Strafsachen, Leipzig ab 1880 (zit.: RGSt.)

FSC
www.fsc.org
MIX
Papier | Fördert gute Waldnutzung
FSC® C083411

Kolibri 360 GmbH
Ferdinand-Jühlke-Straße 7
99095 Erfurt, Deutschland
produktsicherheit@kolibri360.de